中国文化知识文库

中国古代艺术珍品

徐　潜／主　编
张　克　崔博华／副主编
于　元　梁丹丹／编　著

吉林出版集团
吉林文史出版社

图书在版编目（CIP）数据

中国古代艺术珍品 / 徐潜主编 .—长春：吉林文史出版社，2013. 4（2025.11重印）

ISBN 978-7-5472-1524-1

Ⅰ. ①中… Ⅱ. ①徐… Ⅲ. ①历史文物-中国-古代-通俗读物 Ⅳ. ①K870. 2-49

中国版本图书馆 CIP 数据核字（2013）第 063714 号

中国古代艺术珍品

ZHONGGUO GUDAI YISHU ZHENPIN

主　　编　徐　潜
副 主 编　张　克　崔博华
责任编辑　崔博华
装帧设计　映象视觉
出版发行　吉林文史出版社有限责任公司
地　　址　长春市福祉大路 5788 号
印　　刷　唐山富达印务有限公司
版　　次　2013 年 4 月第 1 版
印　　次　2025 年 11月第 5 次印刷
开　　本　720mm×1000mm　1/16
印　　张　10.5
字　　数　250 千
书　　号　ISBN 978-7-5472-1524-1
定　　价　68. 00 元

序　言

民族的复兴离不开文化的繁荣，文化的繁荣离不开对既有文化传统的继承和普及。这套《中国文化知识文库》就是基于对中国文化传统的继承和普及而策划的。我们想通过这套图书把具有悠久历史和灿烂辉煌的中国文化展示出来，让具有初中以上文化水平的读者能够全面深入地了解中国的历史和文化，为我们今天振兴民族文化，创新当代文明树立自信心和责任感。

其实，中国文化与世界其他各民族的文化一样，都是一个庞大而复杂的“综合体”，是一种长期积淀的文明结晶。就像手心和手背一样，我们今天想要的和不想要的都交融在一起。我们想通过这套书，把那些文化中的闪光点凸现出来，为今天的社会主义精神文明建设提供有价值的营养。做好对传统文化的扬弃是每一个发展中的民族首先要正视的一个课题，我们希望这套文库能在这方面有所作为。

在这套以知识点为话题的图书中，我们力争做到图文并茂，介绍全面，语言通俗，雅俗共赏。让它可读、可赏、可藏、可赠。吉林文史出版社做书的准则是“使人崇高，使人聪明”，这也是我们做这套书所遵循的。做得不足之处，也请读者批评指正。

编　者

2012年12月

目　录

古代金器

我国的金器制品有着悠久的历史和骄人的工艺传统。

金属于稀有的贵重金属，外表漂亮，机械加工性能好，延展性强，因此黄金一出现就被定为装饰用品的首选金属，在这一点上中外是一致的。人们珍视它，匠人欢迎它。与其他材料相比，金的易于加工的特点，使金器还能改制翻新，从而形成新的多种形式的金制品。

一、略谈黄金

四十五亿年前，地球形成初期，宇宙中众多的含金小天体不停地撞击地球。

小天体撞击地球后，产生了许多陨石。这些陨石在撞击所形成的高温中被熔化后，液态的金因为密度大、比重大，便一直向地心下沉，所以它们冷却后形成的金矿都在地层深处。

一提到金子，人们总说“七青八黄九紫十赤”。这是说青黄色的金子含金量为70%，黄色的含金量为80%，紫黄色的含金量为90%，赤黄色的含金量几乎达到100%。

金之所以很早就被人类发现，是因为在大自然中金矿几乎都是纯金，只有极少数是碲化金。另外，金子金光闪闪，很容易被人类发现。

金的自然状态虽然大都是游离状态的纯金，而且大都含金达99%以上，但总含有少量的银，还含有微量的钯、铂、汞、铜、铅等。

金在地壳中的含量大约是一百亿分之五。每一立方公里的海水中，含有五吨金子。在太阳周围灼热的蒸气里也有金，其他天体上同样有金。

金在地壳中的含量虽然不是很少，但却非常分散。至今，人类发现的最大天然金块只有112公斤重，而人们找到的最大天然银块却重达13.5吨，最大的天然铜块竟高达420吨重。在自然界中，金常以颗粒状态存在于沙砾中，也以微粒状态分散于岩石中。

金的密度极大，1立方米的水重1吨，而同体积的金却重达19.3吨。人们利用金子比重大这一特点，用水冲走含金的沙而留下金，这就是“淘金”。

只要沙中含有千万分之三的金就值得去淘，只要岩石中含有十万分之一的金就是值得开采的金矿了。

金是最富有延展性的金属，一克金可以拉成长达三千五百米的金丝。金也可以锤成比纸还薄

很多倍的金箔，厚度只有一厘米的五十万分之一，看上去几乎是透明的。这时，薄薄的金箔带点绿色或蓝色，而不再是金黄色的了。

金很柔软，容易加工，用指甲都可以在它的表面划出纹来，用牙咬也能留下痕迹。

金的熔点高达 1063℃，火不容易烧熔它。因此，人们常说“真金不怕火炼”。

金的性质非常稳定，任凭水浸也不会锈蚀。几千年前传到现在的古代金器，仍是金光闪闪的。

由于金子具有上述特点，人们都十分喜欢它。因此，黄金成了金属中的佼佼者，被人类制成各种金器和装饰品。

二、金器史

（一）商代金器

在考古发掘中，发现最早的黄金制品是商代的，距今已有三千多年的历史了。殷墟有金箔出土，河南安阳殷墟发现过眼部贴金的虎形饰件及金片、金叶、金箔等饰件，山西保德林遮峪的商墓中有金丝出土，郑州商代遗址有夔凤纹残金饰件出土，北京平谷商墓有金钏、金笄和金耳环出土，河北藁城台西村商代遗址有漆盒金饰片出土。

商代的黄金制品大多为金箔、金叶和金片，主要用于器物装饰。这表明商代的工匠已经能灵活运用黄金延展性能良好的特性了。

殷墟出土的金箔又轻又薄，反映出当时的锤金工艺已相当高超，也说明商代工匠对金子的延展性有了相当深刻的认识，否则不可能加工到如此薄的程度。从商代这些零星的金器中，已可反映出早期金器的工艺已达到相当高的水平了。

商代金器的分布范围主要是以商文化为中心的中原地区，以及商王朝北部、西北部和西南部的少数民族地区。在今天的河南、河北、山东、内蒙古、甘肃、青海及四川等地，都曾出土了这一时期的金器。这个时期的金器，器形小巧，工艺比较简单，大多为装饰品。

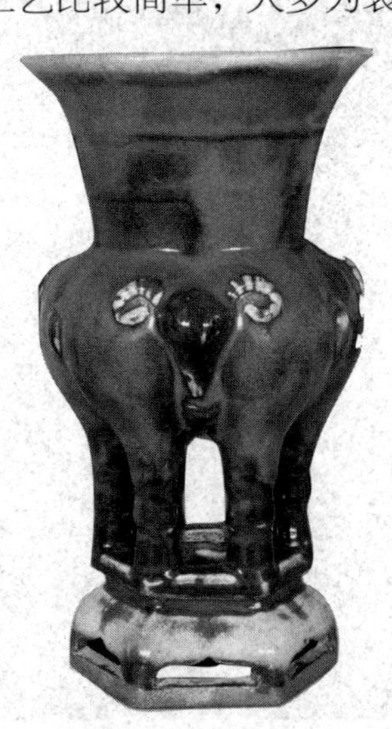

最有名的商代金器出土地点有两处：

1977 年，北京平谷县刘家河商墓出土了金耳环、金臂钏、金笄及金箔残片等物。这些金器不仅器形完整，而且发饰、耳饰、臂饰齐备，构成一个品类繁多的系列。从工艺上看，金耳环和金臂钏为锤制而成，金笄系用范铸法成型。这几件首饰均呈黄色，虽历时三千多年，至今仍金光熠熠。这也是迄今发现最早的成套金首饰。

另一处是四川广汉三星堆，这里出土的金杖、金面罩，制作都十分精美。

商代大量使用青铜器，工艺精湛，这就为金器的发展奠定了雄厚的物质基础和技术基础。同时，商代玉雕、漆器等工艺的发展，也促进了金器工艺的发展，并使金器得以在更广阔的领域以更多样的形式发挥其美学作用。

早期的金制品大多是装饰品，而最常见的金器 -- 金箔，多用于其他器物上做饰件，用和其他器物相结合的形式来增强器物的美感。在商代晚期，金平脱工艺出现了。

金平脱工艺是将金片饰件用漆粘在器物上，再在器物表面继续加涂漆液，有时要加涂数次，使漆形成一定的厚度，比饰件厚度稍厚一些。待漆干后，再将金饰片上的漆磨掉，露出饰件纹样，并使之与漆底平滑一致。

金平脱工艺的出现，说明金器工艺在商代已经有了很大的进步，这是金工艺独立发展的萌芽。如北京平谷刘家河商墓出土的“金钏”，商代金器，一个重93.7克，另一个重79.8克。

两件金钏形制相同，系用直径0.3厘米的金条弯成圆环形，圆环连接处锤扁，呈扇面状。

同为北京平谷刘家河商墓出土的“金笄”，商代金器，长27.7厘米，头宽2.9厘米，尾宽0.9厘米，重108.7克。

此金笄截面呈钝三角形，尾端有一长约0.4厘米的榫状结构，原镶有其他饰品。笄也叫簪，是簪的本名，用于盘发挽髻。商代女子年满15岁时要梳髻插笄，表示成年，可以出嫁了。

同一地点出土的“金耳环”，商代金器，通高3.4厘米，重6.8克。

此金耳环部呈扇形，向上由细变粗，又由粗变细，渐弯成半圆形，尾端收束成尖锥状。

“金面罩”，残高11.3厘米，残宽21.5厘米，1986年于四川广汉三星堆遗址一号祭祀坑出土。

此面罩用金箔在铜头像上捶拓而成，大小和造型风格与同时出土的铜像相同，双眉、双眼及口部镂空，鼻部凸起。

“金杖”，长1.42米，直径2.3厘米，把捶打好的金箔包在一根木杆上，净

重约500克。木杆早已碳化，只剩完整的金箔。金杖的一端刻有图案，共分三组。靠近端头的是两个前后对称，头戴五齿高冠，耳垂三角形耳坠，面带微笑的人头像。另两种图案相同。上方是两只头相对的鸟，下方是两条背相对的鱼。它们的颈部都叠压着有如箭翎的图案。用杖象征权力，良渚文化和吐蕃文化中都有先例。此金杖有很重要的历史价值。

（二）西周金器

西周时期的金器仍承袭商代的风格，具有浓厚的青铜器图案的装饰色彩。

河南三门峡市虢国墓地出土有金带饰，大小共12枚，重433克，均为钣金浇铸成型。其中圆形饰七枚；长方形饰一枚；兽面纹饰三枚，类似虎头形；另有一枚为镂空兽面纹三角形饰。这些金饰件出土时位于棺内尸体腰部，估计是腰带上的饰件。

此外，在北京琉璃河的西周燕国墓里出土了一件木胎漆器，器身上镶有三道金箔，下面两道金箔上还嵌有绿松石，这是难得一见的金平脱古器。

西周时期常将金浇铸成圆形、长方形、三角形和兽面形饰件，装饰在衣带上。

河南三门峡市虢国墓地出土的“兽面饰件”，西周早期金器，是挂在腰带上的饰件，呈虎头形，象征勇武。

同一地点出土的“镂空兽面纹三角形饰件”，西周早期金器，上面有四孔，供系带用，为腰带上的饰件。

“金耳坠”，西周早期金器，其一长7.4厘米，宽6.6厘米，厚0.04厘米，重10克；其二长7.3厘米，宽5.5厘米，厚0.03厘米，重8克，1982年12月于陕西省淳化县西周墓出土，现藏于陕西历史博物馆。

此金耳坠为圆柱形，曲柄，扁平螺旋式花头，捶打而成，薄厚均匀，表面光滑平坦，光洁度非常好。有些这种造型的金耳坠与男子使用的兵器一同出土，可知是男子戴的饰物。

（三）春秋战国金器

春秋战国时期，社会的剧烈变革带来生产、生活的重大变化。这个时期的青铜工艺出现了许多新的发展，千篇一律的王室金器逐渐衰落，代之而起的是造型新颖、华丽轻巧、方便实用的金器。包、镂、镶、错、镏金等金属工艺获得了较大的发展，使金饰技法呈现出丰富多彩的崭新面貌。大量金器的出现，成了这个历史时期工艺水平高度发展的标志。

从出土地点看，这一时期的金器分布区域明显扩大，南北方都有发现，金器的形制和种类增多了。从金器的艺术特色和制作工艺看，南北方差别较大，风格迥异。春秋战国的金器清新活泼，但多为王室及巨富所拥有，在民间难得一见。

湖北随县擂鼓墩曾侯乙墓出土的金碗，内蒙古自治区伊克昭盟杭锦旗阿鲁柴登战国墓出土的匈奴地区的金器代表作——鹰形金冠，山西神木纳林高兔村出土的鹿形金兽，几乎使用了金细工艺中的锤揲、压印、抽丝、镶嵌和镂铸等所有手段，令人叹服。

“曾侯乙墓金碗”，战国金器，通高 11 厘米，口径 15.1 厘米，重 2156 克，是目前已知的先秦金器中最大最重的一件。器内置镂孔金匙一支。匙身圆形，镂孔作变异龙纹，方柄素面，通长 13 厘米，重 56.4504 克。1978 年于湖北随县擂鼓墩曾侯乙墓主棺内出土。

此金碗制作极为精工，方唇直口，浅腹平底，口沿下饰一圈蟠螭纹，腹上部有两个对称环耳，下有三矮足，作倒置凤首状。盖顶中心有一个圆形捉手，盖沿有三个等距离的外卡，与碗口正好扣合。盖面饰蟠螭纹和两周勾连雷纹。

“鹰形金冠顶带”，战国金器，内蒙古自治区伊克昭盟杭锦旗阿鲁柴登战国墓出土。

金冠顶部为一展翅雄鹰和浮雕的四狼、四羊图案，带部为浮雕的虎、羊和马的图案。此金器工艺水平极高，代表了战国时期匈奴地区金器工艺的最高水平。

“鹿形金兽”，战国金器，高 11.5 厘米，长 11 厘米，重 160 克，1957 年于山西神木纳林高兔村出土，现藏于陕西历史博物馆。

鹿形金兽以鹿的形象为主体并取鹰首及其他动物的局部组合而成。鹿形金兽兽身鹰嘴，大耳直立，环眼突出，头生双角如鹿，弧形双角作倒八字形向侧后展开，每角又分四叉，叉端各浮雕怪兽头像，其形象也是立耳环眼鹰嘴，与本兽形象近似。尾卷成环形，也作怪兽头像。金兽身躯富于柔韧的曲线美。

匈奴金饰件以其独特的动物纹饰著称于世，而这件鹿形金兽更是以其奇特的造型得到世人喜爱，被认为是最有代表性的匈奴艺术珍品之一。

（四）秦代金器

秦代虽然年限短促，但其国力强大，物阜民丰，因此金器与装饰品极多。

在秦始皇陵出土的铜车马上，金制品多达 737 件，有金当卢、金泡、金项圈部件、辇座上镶嵌的金珠等，均系铸造成型。

当卢又叫“当颅”，是挂在战马狭长前额上的一种装饰品。西周以来，贵族多以铜制当卢挂在马额上，金当卢只此一件，弥足珍贵。

对这些金配件的研究，证明秦朝的金器制作已综合使用了铸造、焊接、掐丝、嵌铸、锉磨、抛光等多种机械连接及胶粘工艺技术，而且达到了很高的水平。

秦代青铜器已经衰落，而金利于长寿的思想，推动了金器的广泛使用。金器工艺从青铜工艺中分离出来，得到了极大的发展，开始独立成为一门技艺。

秦代因年限太短，迄今尚未发现其他金器，但统一天下的强秦，其金器肯定不少。司马迁在《史记·秦本纪》中说：“秦始皇葬骊山，以黄金为凫雁。”这是说秦始皇陵中有黄金制作的野鸭和大雁。

秦代有一批金器出土于甘肃礼县古墓，现已流失到欧洲。其中有一只金虎，通长 41 厘米，宽 3–4 厘米，作行走回首状。金虎通体以金箔包裹木心，由十段不同形状的金箔套接而成。虎身

以朱砂绘出纹饰，双眼圆凸，竖耳直尾，双腿卷曲，双爪如钩，造型精练生动。还有两只野鸭用金箔裁剪而成，环目长尾屈爪，通体饰变形窃曲纹。此外，还有一些兽面纹盾形金饰片、云纹圭形金饰片和口唇纹鱼鳞形金饰片等，其中一些金饰片有钉孔，有的没有钉孔。

窃曲纹为纹饰之一，这是一种由龙纹或动物纹变形演化形成的纹饰，所以也称兽体变形纹。通常作倒“S”或倒“C”形结构，以目形为中心，两端各有一段分别向上或向下弯曲的线条，也有不少窃曲纹省略了中间的目形纹，仅以粗犷的线条组成。窃曲纹常见于西周中晚期和春秋早期的青铜器上。

（五）汉代金器

汉代社会长期相对稳定，金器制作得到了极大的发展。

汉朝统治者拥有大量黄金，除了制作各种饰件和金器外，还铸造大量的麟趾金投入流通。

麟趾金即汉代的金饼，也称“马蹄金”。出土的“麟趾金”正面为圆形，背面中空，周壁向上斜收，口小底大，形如圆足兽蹄，故称“麟趾金”或“马蹄金”。

这枚金币含金量 95%，最大直径 6.5 厘米，高 5 厘米，壁厚 1.5 厘米，重 286.97 克，相当于西汉时 1 斤左右。

在中国货币发展历史上，黄金的使用一直占有重要的地位。早在殷商时期已将黄金用作贮藏和大额支付手段了。

“金元宝”“金条”“金锭”是后来的事，在两千多年前的西汉时期，人们往往将黄金做成圆形的金饼，俗称“麟趾金”，也称“马蹄金”。西汉盛行黄金，以斤为计算单位。黄金的形状受到楚国的影响，形状通常为饼状。

麒麟在中国传统文化中是祥瑞的象征，在民间有“瑞兽”之称，同时还在“麟、龙、凤、龟”中居于四灵之首，有“盛世出麒麟”的说法。

麒麟是古人集合鹿、马、牛、羊、狼等长毛动物的特征创造出来的，其形

象是羊头、鹿身、马足、狼蹄、牛尾、鹿角。古人认为麒麟文质彬彬，一举一动都讲究姿容仪表；麒麟品行高雅，不会去伤害其他动植物；还说麒麟是罕见的长寿动物，少则活一千岁，多则活三千岁。麒麟同龙凤一样，也是中华民族的传统文化符号之一，寄托着古人对德政、贤君和理想社会的向往和赞美。因为麒麟稀有珍贵，象征吉祥，帝王就用金玉做成麒麟形状，用以馈赠亲属，赏赐大臣。于是，人们佩戴金麒麟或玉麒麟，就有了显示身份和荣耀的意思。

汉代铸造“麟趾金”始于西汉武帝太始二年(公元前 95 年)。这年春天，汉武帝出游后回到长安，称自己登西陇高原时曾经喜获白麟，又在渥洼水边见到了天马，在泰山见到了黄金。当时人们为了表示祥瑞，就根据这三件事铸造了一批麟趾形状的金币。从此，汉代便有了以“麟趾”为名的金币。麟趾金主要用来赏赐那些效忠皇室、立有军功的大臣。因为不是铸币，所以可以根据交易的需要任意切割。

汉代麟趾金铸造精良，造型优美，虽历经两千多年的风雨沧桑，却仍保存完整。

中国自商周以来加工黄金所用的制箔、拔丝、铸造等技法，汉代继续沿用。金箔除裁成条状用于缠裹刃器的环首等处外，还剪成花样以贴饰漆器。湖南长沙与广西合浦的西汉墓中，都发现过金平脱漆器，或从这类漆器上脱落的人形、禽形、兽形金箔片。金丝多用于编缀玉衣，在各地出土玉衣的大墓中曾大量发现，还出土了铸造成型的金带钩、金印等物。

汉代金制品制作工艺最重要的成就是创新金粒焊缀工艺，将细如粟米的小金粒和金丝焊在器物之上，组成纹饰。

河北定州北陵头村汉墓出土了一件累丝镶嵌金龙，全身布满粟形金粒，并以绿松石镶嵌银珠，异常精美。

金丝多用于编缀玉衣，刘胜墓出土的金缕玉衣是其代表作。

西汉中山靖王刘胜系汉武帝之兄，蜀汉皇帝刘备第十三世祖，为西汉第一代中山国国王，死后葬于今河北满城县陵山上，其墓穴开凿于山岩之中，宛如一座豪华的宫殿。

刘胜墓全长 51.7 米，分墓道、甬道、南耳室、北

耳室、中室和后室 6 部分，整个墓室完全模拟墓主生前所居宫室。墓内出土了大量珍贵文物，如医用金针等，尤以金缕玉衣闻名海内外。刘胜金缕玉衣由 2498 片玉片组成，所用金丝约 1100 克。

由此可见，金器制作工艺发展到两汉，已基本从青铜器制作的传统工艺中分离出来，成为独立的工艺门类，对后世影响深远。

“金针”，西汉金器，长度分别为 6.5–6.9 厘米不等，针体上端为方柱形的柄，比针身略粗，柄上有一小孔。1968 年于河北满城中山靖王刘胜墓出土，现藏于河北省博物馆。

这批金针与《灵枢·九针十二原》所述形制相似，为早期针灸专用针。

汉代统治者笃信神道，世间炼丹成风，金器工艺趋于成熟，分布范围也进一步扩大到北方、中原和南方三地。北方如陕西西安沙坡村出土的金灶，便是炼丹用的。

江苏邗江甘泉二号东汉墓出土的一件龙形饰物，在豆粒大小的龙头上竟用细小的金粒、金丝构成眼、鼻、牙、角、须等器官，特征毕具，历历可辨。同时，还出土了一枚金印，造型可爱，做工精细。

“广陵王玺”，东汉金器，通高 3.1 厘米，边长 2.3 厘米，重 123 克，1981 年 2 月于江苏省邗江县甘泉镇二号汉墓出土，现藏于南京博物馆。

此玺为铸造而成，印纹阴刻篆书“广陵王玺”四字，印纽为圆雕状立龟。广陵王为汉光武帝第九子刘荆。

1976 年于新疆维吾尔自治区焉耆县黑格达遗址出土的金龙纹带扣，上面有一条大龙和七条小龙出没于缭绕的云气之中，构图生动，工艺精细，已臻汉代金器之顶峰。

另外，丝绸之路开通后，中西方文化有了交流，出现了兼具中西风格的金器，如广陵王刘荆墓出土的王冠形器和金丝刀鞘，工艺特点、器形风格是西方的，而花的纹饰和“宜子”铭文无疑是中国的。

汉代金器构图之生动，工艺之精细，已臻极致。

（六）魏晋南北朝金器

魏晋南北朝时期，社会动乱，朝代更替频繁，社会经济遭到严重破坏。

但是，由于各民族在长期共存的生活中逐渐融合，对外交流进一步扩大，佛教及其艺术广为传播，使这个时期的文化艺术得到了空前的发展。这一切在金器形制和纹样的发展中都打上了明显的烙印。

魏晋南北朝时期，金器文化以北方少数民族地区为代表，如具有鲜卑风格的内蒙古科尔沁左翼中旗出土的金奔马和金瑞兽、辽宁北票房身村石棺墓中出土的金花冠饰、北票西官营子冯素弗夫妇墓内出土的金质“范阳公章”。

内蒙古凉城县小坝子滩沙虎子沟出土的一批金器中，“晋鲜卑归义侯”金印最为有名。

东晋时期的金器，在王丹虎墓、王廙墓、周处墓及萧道生的陵墓都有发现，反映了东晋金器的特色。江苏宜兴周处墓出土金器多件，内有一枚金顶针和一个累丝金篮，南京东晋王氏墓群出土有金铃、金环、金钗、金簪和镶金刚石的金指环。据专家考证，当时的金刚石是从外国传入的。

魏晋南北朝时期金器的特点是以饰物为主，金器较少见；从中亚、西亚输入的金银器及装饰物数量颇丰；西方的形制或制作工艺在这一时期的饰物与金器上都有反映。这一时期的金器对隋唐时期金器的风格有较强的影响，为隋唐金器的繁荣奠定了坚实的基础。

“金奔马”，北魏金器，高 5 厘米，长 8 厘米，链长 13.5 厘米，1984 年 6 月于内蒙古自治区科尔沁左翼中旗希伯花鲜卑墓出土，现藏于内蒙古通辽市博物馆。

此马为铸造而成，形若飞奔骏马，造型简约生动。马颈及尾部各有一环，上系金链，可供系戴。

“金瑞兽”，北魏金器，长 9 厘米，高 7.7 厘米，1984 年 6 月于内蒙古科尔沁左翼中旗希伯花鲜卑墓出土，现藏于内蒙古通辽市博物馆。

此器为铸造而成，形为奔走瑞兽，通体

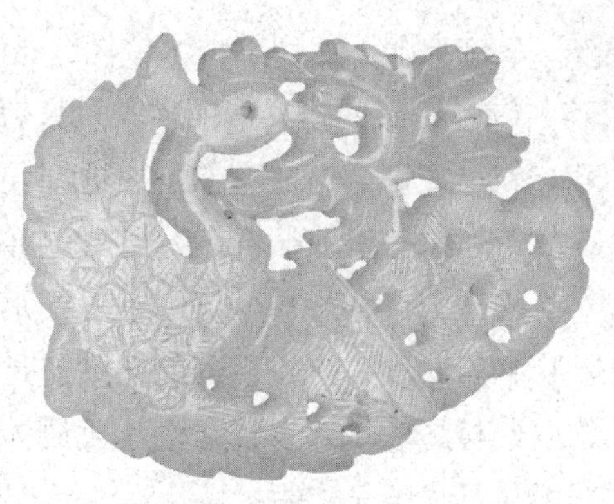

有椭圆形浅槽，原有镶嵌物。此瑞兽造型奇特，具有浓郁的鲜卑族风格。

“范阳公章”金印，十六国金器，高1.98厘米，长2.27厘米，宽2.35厘米，1965年于辽宁北票西官营子冯素弗夫妻墓出土，现藏于辽宁省博物馆。

此印近方形，龟钮，为北燕时期官印的标准品，极为难得。

（七）隋代金器

隋文帝统一中国后，虽力求节俭，但其他统治阶级上层人物为了追求豪华的生活，大量使用金器，因此促进了金器手工业的发展，金器制作水平大有提高。

隋朝年代较短，出土的金器较少，最具代表性的是1957年于陕西西安李静训墓出土的金器，其中以嵌玛瑙蓝晶金项链和金杯最为精致。

“嵌玛瑙蓝晶金项链”，隋代金器。

此项链由二十八个金质花珠组成，各珠嵌米珠十颗。金珠分左右两组，每组十四个，其间用多股金丝链索相连。上端为金扣环，双钩双环，嵌鹿纹及方形、圆形青金石，下端为圆形和方形金饰，上嵌红玛瑙、青金石及米珠，中间悬一金坠，嵌一蓝晶，横刻“小”字。

“高足金杯”，隋代金器，重49.4克。

此杯大口，口沿外翻，上有凸弦纹一周，系用一圆环焊上，其下为高足，中空，作喇叭状，足柄及底缘各焊有凸弦纹一周，足柄上端先黏焊一圆片，然后再焊合于杯身之上。

（八）唐代金器

唐代在金器制作方面，既善于总结和继承前人的成就，又吸收外来文化中的丰富营养，因而创造出了璀璨夺目的崭新金器。唐代金器造型精美，结构巧

妙，装饰典丽，达到了中国古代金器制作的第一个高峰。

1970年陕西西安南郊何家村窖藏出土了唐代金器，有碗、杯、壶、盒、薰球、钗、龙等。这些金器不仅造型美，而且纹饰生动活泼，把动物、花草以及人物等形象有机地结合在一起，空间布满鱼子地纹，使金器更加灿烂夺目。

纵观唐代金器，可以分为三个阶段：

初唐时期，无论金器的器型还是纹饰，都具有明显的波斯萨珊朝风格，纹饰以凸棱、联珠纹及单点动物纹最为常见。另外，以纤细的缠枝忍冬、四瓣或八瓣花及线条简略的折枝花为主，花与人物相衬。

萨珊朝是波斯的一个王朝，波斯与中国早有往来。5世纪40年代，北魏曾派使者出使波斯，波斯王曾派遣使者到中国进献驯象及珍宝。此后，历经西魏、北周、隋，一直到唐代，两国使者往来不断。唐代以前，具有外来风格的金器也曾出现过，但还谈不上形成风格，远不能与唐代相比。唐代金器受外来影响，主要以中亚的粟特、西亚的波斯萨珊形式为主，另有少量受到了欧洲拜占廷、印度和阿拉伯等地艺术风格的影响。

粟特为中亚古国名，位置在丝绸之路上，贸易发达。粟特风格的器物以带把杯为主，杯体为八棱形，杯柄呈圆形，上面有指垫，如陕西西安何家村出土的“人物忍冬纹金带把杯”。

“人物忍冬纹金带把杯”，唐代金器，呈八棱形，侈口，器壁内弧，下接八瓣圈足。杯柄由连珠组成，指垫上饰有一个深目、高鼻、长须的胡人头像。杯体八个棱面上各饰有一个身着胡服的人像，人像两边饰忍冬纹，棱面由连珠纹区分。

后来，经过适合中国国情的演化，这种杯体呈花瓣形、碗形，有的取消了指垫，纹饰上也多以仕女出游或缠枝、折枝花草为主，如何家村“团花纹金带把杯”等。

萨珊风格的金器缘于对萨珊银器的模仿和改造。唐与西亚的波斯萨珊王朝交往密切，相互之间仅通使就达二十九次。在交往中，萨珊金器便很自然地流入中国。中亚的粟特人向来善于经商，他们在与中国进行贸易的过程中，不但

将粟特金器带入中国，而且还把欧洲拜占廷等地的金器转输到中国。

于是，在内地就出现了这些金器的仿制品，一种是由中国工匠仿制的，另一种是住在中国的外来工匠制作的。后一种本来并不能算是仿制品，但这些外来工匠制作的金器毕竟不是输入的，而是在中国制作的具有外来风格的金器，他们在制作具有本民族风格的金器时，还融入了中国风格。因此，为了表示区别，也把这些金器统归为仿制品。

从初唐出土的金器来看，这些仿制品构成了唐代金器的主体风格。

唐代佛教盛行，自然也影响到金器的制作。佛塔地宫多藏有佛教文物，陕西扶风法门寺佛塔地宫出土的唐代法器及舍利金棺等物，为近年考古一大发现。

中唐时期，随着经济的发展，贵族官僚追求享乐之风日盛，金器制品增多，波斯萨珊王朝风格的造型已不能满足需要。于是，人们纷纷转为兼收我国传统青铜器、陶器、漆器的器型和图案，花鸟纹开始盛行。金器上的缠枝花纹、绶带纹丰满流畅，已具有团花的格局。陕西西安何家村窖藏出土的金器，大多属这一时期的代表。

"金梳背"，唐代金器，高 1.5 厘米，长 7.9 厘米，厚 0.34 厘米，重 3.2 克，1970 年于西安市何家村出土，现藏于陕西历史博物馆。

金梳背为半圆形，先用两层金片剪裁成型，然后将金丝掐制成的卷草、梅花焊接在梳背的两面，花草外围还有用金珠焊接出的周边，纹饰极其细密，需用放大镜才能辨认清楚。器身中空，用以安插梳齿。这件金梳背是唐代掐丝焊接和炸珠焊接工艺的杰作。历经一千多年，仍然没有开裂脱落，堪称金银细工的典范，具有极高的科学价值。

炸珠工艺大约出现在西汉，是西方金银制作工艺对中国金银工艺影响的产物：先将黄金熔化，再把金液倒入水中，利用金液与水温的显著差异，使之结成大小不等的小金珠，然后焊接在器物表面，形成图案。

晚唐时期，团花纹饰已从原来的陪衬地位一跃而成为主题纹饰，这也是团花纹饰的黄金时期；缠枝花则渐趋呆板而被绶带纹取代。由此可见，唐代金器

经历了一个由简单转向复杂的过程，从唐初的波斯萨珊风格渐渐转向中国的传统风格。

“金筐宝钿真珠装金宝函”，唐代金器，高 13.1 厘米，边长 10.5 厘米，1987 年于陕西省扶风县法门寺地宫出土，现藏于法门寺博物馆。

此函为正方体腰身，盖身以铰链相套，加锁钥。盖质之地为纯金，中心贴一朵宝相团花。函体四壁均以红绿宝石嵌成三重宝相团花，每重之间镶有金丝和珍珠。花蕊为一颗硕大的珍珠，第一重与第三重是用深粉色宝石做成的十二瓣花朵，第二重珍珠外为七瓣松绿石花叶。盖的立沿每面都饰有金筐鸳鸯一对，函体边棱粘有白色珍珠。斜刹镶嵌海棠花纹样。整个宝函由四种色彩鲜艳的底色构成，即黄、红、绿、白，通体生辉，耀眼夺目。

唐代金器数量众多、品种丰富、造型别致、纹饰精美，具有强烈的时代特点和风格。透过它们，我们可以感到唐代现实生活的五彩缤纷，文化艺术的欣欣向荣。

唐代金器工艺技术极其复杂精细，已广泛使用了锤击、浇铸、焊接、切削、抛光、铆、镀、錾刻、镂空等工艺，达到了中国古代金器工艺的顶峰。

（九）宋代金器

宋代的金器制造业进一步向前发展，不仅皇帝后妃、王公大臣、富商巨贾享用金器，就连富有的百姓乃至酒家、妓院也都大量使用金器了。当时民间还开设了专门制作金器的店铺，从而加深了金器世俗化和商品化的色彩，所发现的宋代金器上多有商号标记。

宋代金器无论在造型上，还是在纹饰上，一反唐代的雍容华贵，转为素雅生动，形成了自己独特的风格。

宋代金器胎体轻小、精巧、俊美，造型多样，构思巧妙。纹饰追求多样化，或素面光洁，或花鸟轻盈。花纹装饰更加丰富多彩，几乎囊括了所有的象征美好幸福、繁荣昌盛、健康长寿等寓意的花卉瓜果、鸟兽鱼虫和人物故

事等。纹饰布局突破了唐代流行的团花格式，多因器施画，以取得造型艺术美与装饰艺术美的和谐统一。工艺技法在唐代的钣金、浇铸、焊接、切削、抛光、铆、镀、锤、凿、镶嵌等手法的基础上加以改进，使其富有灵活性与创造性。

宋代金器在装饰技法上比唐代上了一个新的台阶，运用立体浮雕形凸花工艺和镂雕的装饰工艺将器型与纹饰融为一体，充分体现了器物的立体感与真实感，也体现了宋代能工巧匠的聪明才智。南京幕山北宋墓台出土的鸡心形金饰最能显示造型工艺的高超技巧，利用透雕与凸花工艺刻画一对凤凰翱翔于牡丹花丛中，暗寓丹凤朝阳的吉祥意义，为宋代金器之极品。

宋朝金器造型一般都显得小巧玲珑，其器物形体普遍较唐代要小。宋朝的金质器皿如盘、碗、盒等，直径一般都在 20 厘米以下，十分小巧，又轻又薄。如江西彭泽县湖西村北宋易氏墓出土的金耳环，呈“S”形或“8”字形，坠部有浮雕状花卉，十分繁密细致，造型与通常的耳环大异，精巧绝伦，极为别致。

宋朝金器不仅形体小，而且形体样式繁多，同一种器物往往有多种样式。一些杯盏造型为曲瓣式，从五瓣到十二瓣不等，而且花形繁多，如梅花形、桃形、荷叶形、八角形等。如安徽休宁县朱晞颜夫妇合葬墓中的一只金杯为六角形，系锤制而成。这只杯整体呈六角形，只在杯内底部饰有三朵菱花图案，口沿及足沿饰雷纹一周，其余地方为素面，且纹饰淡雅柔和，整体看上去造型与纹饰均十分简洁、清素，是宋代金器的代表作。

宋代随着城市的繁荣和商品经济的发展，各地金器行业十分兴盛。有铭款的金器显著增多，对元、明、清的金器制作产生了重要影响。

宋代金器在唐代基础上不断创新，形成了具有鲜明时代特色的崭新风貌。

（十）辽金西夏金器

辽、金、西夏等国的金器制造业，在文化上除了继承各自的民族传统外，还融入了内地的汉文化成分。如内蒙古奈曼旗临潼辽陈国公主与驸马合葬墓出

土的金面具、陕西临潼金代窖藏出土的金凤步摇、内蒙古临河市高油房西夏古城出土的“花形金盏托”等。

辽金时期的金器具有鲜明的民族风格与地域特点。

辽代金器以契丹统治者使用的冠带、饰件、符牌、马具、饮器、首饰、食器居多，多为宫廷及官坊生产。辽陈国公主和驸马合葬墓出土的遗物，除金面具外，尚有缠枝花纹金镯、镂雕金荷包、錾花金针筒、金饰球等，工艺十分精湛。

辽代的金器制作工艺多采用钣金、浇铸、焊接、锤揲、錾花、鎏金、镶嵌等盛行于唐和五代的传统技法，根据契丹族的游牧生活习俗，设计和制作出自己所需要的各种器形。装饰图案多模仿唐代流行的团花格式，以龙、凤、鹿、鱼、宝相、牡丹、忍冬、联珠与缠枝花卉等纹饰为主。辽代金器在装饰技法上有了新的发展，在继承唐和五代传统技法的基础上有所创新，并与本民族的传统风格融为一体，形成新的特色。

金代金器出土较少，陕西临潼金代窖藏出土的金步摇、金耳饰、金片饰反映了金与汉族在文化上的融合。金步摇顶端用掐丝与锤工艺制成，一只口衔绶带的凤凰下端分为两股钗，用于插戴。金步摇是附在簪钗上的一种用黄金制成的首饰，因步行时摇动，故名金步摇。

“金凤步摇”，金代金器，长 22.2 厘米，1974 年 12 月于陕西省临潼县北河村出土，此步摇由黄金制成，底部为金钗，由两股细长金条组成，可以插于头发上，有固定头发的作用。金钗顶部是一只展翅飞翔的金凤，大嘴微张，口里衔一条花形绶带。金凤身体粗壮，尾部长大，造型比汉族同类首饰粗犷雄浑。此步摇是迄今为止所发现的为数不多的金代金器之一，充分反映了女真族与汉族在风俗和文化上的融合与差异，具有极高的研究价值。

内蒙古临河市高油房西夏古城出土的西夏剔指金刀和金盏托，反映了西夏金器制造水平。西夏金器既受内地汉文化的影响，又受到西亚金器的影响，又有自己的独特风格。

“双鱼纹柄剔指金刀”，西夏金器，通长 7.2 厘米，宽 1 厘米，1958 年于内蒙古临河高油房西

夏城址出土，现藏于内蒙古自治区博物馆。此刀刀柄镂空，饰以双鱼纹，寓意吉祥。顶部有环，可以系带。造型优美，携带方便，利于使用。此刀反映了西夏工匠技艺之高超。插图“花形金盏托”，西夏金器，最大直径 21.8 厘米，重 220 克，临河市高油房西夏古城出土。此盏托形似莲花，由托盘和盏两部分组成。细工精致，造型美观，是西夏文物中的精品。

（十一）元代金器

中国金器历史悠久，从商代到清代，每个时期金器的艺术风格都表现出鲜明的时代特征。元代金器有粗犷洗练、细腻繁密、雅静脱俗三大特点。宋代金器对元代金器的影响，主要体现在制作工艺的传承上，就艺术风格而言，二者并无太多的相似之处。

元代金器更讲究造型，素面者较多，纹饰比较洗练，或只于局部加以点缀装饰。来自蒙古草原的元朝统治者，将蒙古人粗犷、直率、自由的民族性情带入他们的金器中，形成元代金器质朴、凝练的艺术风格。如元代的“金丝凤冠”和“金箍”。

这种风格大多体现在元代官造金器中，其中最具代表性的，是现藏于西藏文物管理委员会的一枚刻有八思巴文篆书体“白兰王印”四字的元代金印。此印由印座和印柄两部分构成，印座为正方形，印柄为一只昂首伏地、腹部穿孔的双峰骆驼。骆驼身上仅以一道道浅纹表现动物的皮毛，此外并无其他复杂的装饰。印章整体造型大气而生动，线条简练而流畅。

但是，元代某些金器也表现出细致繁复的趋向，如江苏吴县吕师孟墓出土的“缠枝花果金饰件”，这一趋向尤为突出。这件长方形金器周围有边框，框内有高浮雕状的缠枝花果，枝繁叶茂，花团锦簇，繁密拥挤，华美秀丽。这种玲珑俊俏、细腻精密的艺术风格体现了明显的江南风情。

元代虽然将国家的政治中心定在大都，也就是今天的北京，但金器的制作地却集中在长江中下游和太湖之间。这些金器主要出自苏皖一带的民间手工艺

人经营的制金作坊，他们将江南特有的审美情趣融入到金器制作当中。因此，元代民间流通的金器的艺术风格带有江南特色。

此外，元代金器也融入了浓厚的文人气息，这是各朝代的金器都不具备的。元统一全国后，将各族人民划分为蒙古、色目、汉人和南人四个等级，并且规定这四等人在做官、打官司、科举诸方面有一系列不平等的待遇。当时有“一官二吏三僧四道五医六工七匠八娼九儒十丐”的说法，文人被列在第九等，处于底层地位。他们没有机会为社稷出力，做一番大事业，于是耐不住寂寞的文人便将满腹才学寄托在与文化艺术相关的各个领域，甚至参与了手工艺品的制作。许多有文化修养的知识分子投身到金器的制造业中，成了金器制作名家。这样，元代金器就多了“文人气”。元代以前的金器只是一种工艺品，而元代金器则被提升为一种艺术品了。

总之，元代历史虽然短暂，在金器发展史上却创造出了极为灿烂的艺术成就。

（十二）明代金器

明代金器制作工艺水平很高，把已有的工艺技术发挥得淋漓尽致。

元代以来，帝王贵族所用的金器，尤其是首饰，都广泛使用金掐丝镶嵌宝石工艺，一直延续到清代。

同时，金器工艺还与漆器、木器、玉器等工艺相结合，创造出一批颇为新奇的作品。

北京定陵出土的一批金器最能代表明代金器的发展水平，如金冠、金爵、金杯、金壶、金盂、金粉盒等。这些金器造型大方，纹饰繁缛，用金厚重，装饰堆砌，开创了唐代以后金器工艺的另一种风格，并且在一定程度上引导了清代金器的风格走向。

“万历皇帝金丝冠”，北京定陵出土。因金子太重，不宜戴在头上，故此冠全用金丝编结而成。冠顶錾两条金龙戏珠，形象生动。龙身以粗金丝为骨，采用掐丝、浮雕等工艺焊接成

漏孔鳞纹状。此冠堪称编织与錾花工艺相结合的精品。

明代金器在工艺上有着自己的独特之处，较多地使用宝石镶嵌等手段。明代金器的生产工艺更加精湛，珍品多出自帝陵中。万历孝靖皇后戴的“镶珠宝点翠凤金冠”是明代金器工艺的典范。

万历孝靖皇后“镶珠宝点翠凤金冠”，北京定陵出土。此冠使用极其复杂的掐丝镶嵌珠宝点翠工艺，镶嵌一百多块宝石和五千多颗珍珠，用以装饰九龙四凤。宝石和珍珠璀璨夺目，龙飞凤舞，工艺高超，制作精细，为明代金银器中的极品。

明代的金器细工工艺技术已发展到极致，工匠运用高超的技艺将一些常规的首饰、饰件制作得精妙无比。明代的金银饰件，尤其是首饰大多采用累丝法加镶嵌各色珠宝、玉石。造型或生动优美，活泼奔放；或设计严谨、格调高雅。镶嵌珠宝玉石后形成多色对比，交相辉映，使金银饰物不仅玲珑细巧，精致华美，而且更显雍容华贵，富丽非凡。

明代金器纹饰除龙凤形象之外也有亭台楼阁等。楼阁形象不仅作为纹饰，也作为器物的造型，构思大胆，巧妙无比。

“楼阁人物金簪”，明代金器，宽 5.5 厘米，长 8.5 厘米，簪长 15 厘米，重 119.15 克，1958 年于江西南城明益庄王朱厚烨墓出土，现藏于江西省博物馆。此簪为两栋立体楼阁，绕以花树，如同一座花园。簪足向下伸直，左端形似葱头，长出三叶向左伸展，夹云一朵，承托楼阁。楼阁平面呈六角形，顶为重檐六角攒尖。顶端有宝珠一颗。四门外各有造像一尊，或拱手或抱物。殿内正中有一人侧卧床上。左边一栋有一造像卓然中立，衣带飘扬。此簪玲珑剔透，精美绝伦。

明代金器中素面者少见，纹饰结构大多趋向繁密，花纹组织常满布器身，除细线錾刻外，也有不少浮雕型装饰，这对以后清代的金器制作有着不可忽略的影响。

（十三）清代金器

清代虽是我国最后一个封建王朝，但在封建制度即将结束之际，金器文化

却走向了继唐代之后的又一座高峰。

清朝是少数民族建立的政权，本身文化根基薄弱，金器制作也像其他工艺一样，大多是简单的继承。

清王朝统一中国后，开始融入汉文化。这为清代金器文化沿袭明代金器文化并将其发扬光大，打下了技术基础。

清代金器文化的主要内容都集中在皇室金器上，故宫博物院珍藏的清代金器有三个明显的特点：

一是种类多。清代金器几乎遍及典章、祭祀、科技、生活、佛事、冠服、陈设、鞍具等各个方面。如金编钟、金天球仪、嵌宝石金佛塔、金坛城、金盔甲、金树、金錾花八宝双凤盆、金錾花嵌珠杯盘等。“金錾花嵌珠杯盘”，清代金器，杯盘为一套，通高 7.3 厘米，杯口径 7.1 厘米，盘径 9.5 厘米，金杯为直口，圈足，外壁錾刻双龙穿莲纹，两侧分别以镂空篆书“万寿”“无疆”两组字为耳。耳的顶端以莲花托嵌东珠作装饰。金盘在边缘饰勾莲纹一周，其间嵌东珠八颗。盘心凸起，其上錾刻金龙戏珠纹，盘内錾刻云纹。

此杯盘造型秀雅端庄，工艺极其精湛，为清宫内务府造办处所制，是皇帝祝寿时使用的酒具。

二是工艺新。清代金器在继承明代多嵌饰的基础上，进而发展为将金与其他材料混合制作：如以金为胎，外面覆以其他材料，成品有金胎珊瑚云龙纹桃式盒等；如在金器上点烧低温珐琅或以金掐丝填烧珐琅，成品有累丝嵌宝石点珐琅金八宝等。

八宝为佛教中的八件法器，有宝瓶、宝盖、双鱼、莲花、右旋螺、吉祥结、尊胜幢、法轮。每件法器的上部分别用金累丝制成宝瓶、宝盖、双鱼、莲花、右旋螺、吉祥结、尊胜幢、法轮，其顶部有一火球，两侧有绶带。法器之下为荷花莲子托，托亦为金制，上面嵌有各色宝石，再下为支柱，支柱两侧有珐琅、点翠装饰，支柱之下为圆形金座，錾海水江崖纹，最下为紫檀木座。

三是风格新。与前面任何一代比较，清代金器都把黄金的庄重和雍容发挥到了极致。

清代是中国封建社会的晚期，金器制作越来越趋于华丽奇艳，宫廷气息越来越浓。那器形的雍容华贵、龙凤图案的琳琅满目、宝石镶嵌的色彩斑斓象征着不可企及的高贵。这和清朝宫廷装饰艺术的总体风格是一致的，和贴进世俗生活的宋元金器迥然不同。清代金器极为工整华丽，在工艺技巧上细腻精湛，是前代所没有的。清代金器盛行于宫廷和民间，都达到了极高的水平。

清宫所用各种金器为宫廷手工艺精品，以清代皇帝和后妃御用的金器最为丰富，其中有礼乐用器、生活用具和各种陈设金器，也有宗教文物中的佛像、龛塔、供器、法器等。这些器物的工艺制作采用了铸造、锤揲、錾刻、累丝等多种技术，还有许多金银器镶嵌着珍贵的宝石、美玉等。这些金银器大多造型别致，纹饰精美，具有极高的历史价值和艺术价值。

民间金器多为首饰之类，因民间财力有限，不可能购置昂贵的大型金器。

“金镶九龙戏珠镯”一对，清代金器，外径 8.7 厘米，内径 5.8 厘米，厚 1.6 厘米，圆形，以金栏分成九格，每格中各錾一团龙，口衔珍珠。手镯边沿錾刻海水纹，内壁刻有“聚华足金”戳记，做工精致，有很强的浮雕效果。

清代晚期财力不足，宫廷造办处规模缩小，许多金器均委托民间金店制造或采购，如“聚华”等民间金店都曾为宫中制造金器。

古代金器是祖先为我们留下的宝贵财富，浸透着心血，蕴涵着智慧，值得我们为之骄傲。

三、金器的分类

我国的金器制品有着悠久的历史和骄人的工艺传统。

金属于稀有的贵重金属，外表漂亮，机械加工性能好，延展性强，因此黄金一出现就被定为装饰用品的首选金属，在这一点上中外是一致的。人们珍视它，匠人欢迎它。与其他材料相比，金的易于加工的特点，使金器还能改制翻新，从而形成新的多种形式的金制品。

根据传统分类方法，金器分为茶具、法器、盥洗器、食器、饰件、药具、饮器和杂器等八组。

（一）茶　具

"清宫金茶壶"，现藏于故宫博物院。

一组三个，其一仿民间造型，其二仿古爵造型，其三为双耳。三个茶壶均有三足，似古鼎。壶身皆有纹饰，其中一壶的壶嘴和壶梁为竹节造型。这一组茶壶给人以厚重富贵之感，古趣盎然。

（二）法　器

"迎真身素面金钵盂"，唐代金器，高 7.2 厘米，口径 21.2 厘米，壁厚 0.12 厘米，腹径 17.2 厘米，腹深 7.1 厘米，重 573 克，1987 年于陕西省扶风县法门寺地宫出土，现藏于法门寺博物馆。

圆形稍扁，侈口圆唇，斜深腹，圆底，通体素面，光洁富丽，为纯金钣金而成，口沿有一行錾文："文思院准咸通十四年三月廿三日敕令造迎真身金钵盂一枚，重十四两三钱。打造小都知臣刘维钊，判官赐紫金鱼袋

臣王全获，副小供奉宫臣虔诣使左监门卫将军弘懿。”

此钵盂形制与仰韶文化的弇口钵十分相似，为唐宫廷金银器作坊文思院所制，代表了当时金银器制作的最高水平。

（三）盥 洗 器

“金盆”，唐代金器，通高 6.5 厘米，口径 28.6 厘米，重 2056 克，1970 年于西安市何家村出土，现藏于陕西历史博物馆。

此盆为钣金成型，内底心和外底心经过机械加工，留有螺纹痕迹。盆口圆整，器壁光滑，厚薄均匀，通体光素无纹，造型简洁大方，色彩柔和灿烂，高贵而典雅。

金盆是盥洗用器，在古代是地位尊贵的皇家和贵族才能使用的高级器物，保存至今者极少。此盆是一千多年前的珍品，具有重要的历史价值。

（四）食 器

“鸳鸯莲瓣纹金碗”，唐代金器，高 5.5 厘米，口径 13.7 厘米，足径 6.7 厘米，1970 年于西安市何家村出土，现藏于陕西历史博物馆。

此碗腹部外壁为两层浮雕式的仰莲瓣，每层有十瓣。上层每个莲瓣中心处分别錾刻鹿、狐、獐、兔、鹦鹉、鸳鸯等动物，周围填以形态各异之花草；下层莲瓣内均錾刻忍冬花草。

此碗流光溢彩，富丽堂皇，为难得一见之瑰宝。

（五）饰 件

“四龙戏珠金手镯”，唐代金器，纵 6.7 厘米，横 6.3 厘米，1988 年于咸阳机场唐墓出土，现藏于陕西省考古研究所。

此镯系铸造而成，呈椭圆形。镯中置轴，轴上下有两粒金珠，金珠间有一

朵四出花，双龙吻部正好相交于中轴，形成两幅完整的二龙戏珠图案。双龙均为蟠龙，手镯合口处与挂扣连接。

中国古代称妇女戴在手腕上的金银装饰品为“钏”，俗称“镯”。

“金耳坠”，唐代金器，长 3.6 厘米，1988 年于咸阳机场唐墓出土，现藏于陕西省考古研究所。

此耳坠呈橄榄形，钩为 U 字形，中间为一周镶嵌红、蓝、绿等宝石的联珠，上下各有一组梅花，花瓣中也嵌以各色宝石，上部为一小金环。造型颇具西域风格，与中原金耳饰风格迥异。

（六）药 具

“双狮纹金铛”，唐代金器，高 3.4 厘米，口径 9.2 厘米，柄长 3 厘米，1970 年于西安市何家村出土，现藏于陕西历史博物馆。

此铛侈口，翻沿，浅腹，圆底，下配三兽足，附叶芽状单柄。锤揲成型，花纹平錾，鱼子地纹。器外自底部中心凸起九条辐射状荷叶脉，直通器口，将铛外壁划分成近似“S”形的区间。叶脉间平錾出双鸟衔带、鸟衔方胜及各类花卉图案。整体纹样构图协调，体现出唐代金器构图的特点。

“素面金盒”，唐代金器，高 3.2 厘米，直径 8.5 厘米，重 258 克，1970 年于西安市何家村出土，现藏于陕西历史博物馆。

此盒为圆形，先锤揲成型，然后再掏膛加工。在盒的内壁盖心处及底心处，有明显的旋切螺纹痕迹，其排列间距仅为 1 毫米，起刀和落刀点也清清楚楚，可见当时已经在使用简单的车床进行加工。盒的上下子母口无论怎样扣合、转动，整个一周都严实无缝，堪称精密之极。

唐代麸金的发现，这是唯一的一次，实属珍贵。麸金小于屑金，将金箔击碎后，焊于金器表面。

（七）饮 器

“金筐宝钿团花纹金杯”，唐代金器，高 5.9

厘米，口径 6.8 厘米，重 300 克，1970 年于西安市何家村出土，现藏于陕西历史博物馆。

此杯杯口圆形，略向外侈，深腹，柄上出长尾，腹部焊有扁金丝编成的蔷薇式团花四朵，每朵团花边缘焊有一圈小金球。花瓣中心曾镶有珍珠、松石等，出土时已脱落。

此杯为绚烂华丽的掐丝珐琅作品，其精湛的制作工艺是明代景泰兰的前身。

金筐工艺是唐代金器制作中的高级工艺，它依据黄金良好的延展性能，将其锤成均匀细丝，制成多层花瓣组成的团花，在其周围再加小金珠一圈，然后焊接在杯的腹部、杯口和杯足，并加以镶嵌装饰，总称为“金筐宝钿真珠装工艺”。

“摩羯纹金杯”，唐代金器，高 3.5 厘米，杯口最大口径 13.1 厘米，小径 7 厘米，重 174 克，1983 年于西安市太乙路工地出土，现藏于陕西历史博物馆。

此杯侈口，浅腹，圈足。杯体为四瓣海棠形，杯内底中心锤揲出凸起的摩羯戏宝珠纹，底纹錾刻细密的水波纹。水波纹外饰一周联珠纹，联珠纹外又錾刻一周花瓣带饰。杯的内壁以花瓣栏形成四个区间，錾刻两组对称的宝相花，宝相花两侧錾刻对称的如意花纹。杯口沿内侧与圈足外侧各饰一周花瓣。

金杯是唐代达官显贵使用的饮酒器，至今发现极少。此件金杯造型奇巧玲珑，装饰富丽典雅，是目前仅见的一件，为稀世之宝。

摩羯的造型源自印度，为鱼、象、鳄三者的混合形象。隋代传入中国，中晚唐添加了翅膀，宋代双翅变大，鼻子上卷的程度渐小。

“鸳鸯蔓草纹金壶”，唐代金器，通高 21.3 厘米，口径 6.6 厘米，1969 年于咸阳市西北医疗器械厂出土，现藏于咸阳市博物馆。

金壶在唐代极为罕见，此种造型的金壶更为目前所仅见，是十分珍贵的孤品。壶体曲线柔和，严谨稳重。反转弯曲的柄和精巧灵活的链使壶型富于变化，显得纤巧秀丽。

（八）杂　器

“金开元”，唐代金器，直径 2.3 厘米，1970 年于西安市何家村出土，现藏

于陕西历史博物馆。

金开元是仿照铜质的“开元通宝”铸造的。正面为楷书“开元通宝”四字，背面有新月纹。唐时金开元并不作流通货币使用，主要是皇家和贵族用来做游戏、压胜，或是皇帝赏赐大臣时用的。

“赤金走龙”，唐代金器，共12个，高2-2.8厘米，长4厘米，1970年于西安市何家村出土，现藏于陕西历史博物馆。

龙为金质，四足铆接。昂首拖尾作行走状。头上有两长角折于脑后，圆眼深目，两颌张开，颌腮部位饰长鬃纹样。颈作回弯状，身子向上隆起，长尾下拖，末端上卷，四肢粗长，呈各种行走姿态。除背脊和尾脊饰有长鬣纹外，满身皆饰深凹点纹，系用錾头点成。金龙形象生动，小巧玲珑，工艺精美。

“金树”，唐代金器，高13.5厘米，上部宽7厘米，下部宽0.5厘米，根部宽0.9厘米，1971年于西安市郭家滩唐墓出土，现藏于西安市文物管理委员会。

此金树为两株，一高一低，造型略有不同。金树以树干、树枝、小枝组成。枝上长满花朵，树干上有树节，根部有藤向上盘绕，树上有花与叶，劲枝与柔藤结为一体，富丽堂皇。

四、古代著名金器

“金饕餮”，春秋金器，1955 年于安徽寿县蔡昭侯墓出土。

饕餮，传说中一种吃人的兽，图案为动物头部的正面形象。

饕餮纹是常见的花纹之一，盛行于商代至西周早期。饕餮是一种想象中的神秘怪兽，是古人融合了自然界各种猛兽的特征，同时加以想象绘成的。饕餮纹虽然是拼合组成的，但并不是随意拼凑的。古人在现实生活中的各类动物身上发现了应有的特质，于是在塑造饕餮形象时便取羊或牛角代表尊贵，取牛耳代表善辨，取蛇身代表神秘，取鹰爪代表勇武，取鸟羽代表善飞。饕餮纹有的有躯干和兽足；有的仅有兽面，兽面巨大而夸张，装饰性很强，称兽面纹。古人认为饕餮能通天地、通生死，公正威猛，勇敢多智，能驱鬼辟邪。

民间传说饕餮是东海龙王的第五个儿子，没有身体，只有一个大头和一张大嘴，十分贪吃，见到什么吃什么，由于吃得太多，最后被撑死了。于是，饕餮成了贪欲的象征。

“金柄铁剑”，春秋金器，其一通长 37.8 厘米，身长 25 厘米，柄长 12.8 厘米；其二残长 30.7 厘米，身残长 18.4 厘米，柄长 12.3 厘米，1992 年于宝鸡市益门村春秋墓葬出土，现藏于宝鸡市考古工作队。

二剑由金质剑柄和铁质剑身分制铆合而成。螭头和羽翼时隐时现，并以绿松石、料器镶嵌其间。布满螭身的细珠纹不仅突出了形体，而且营造出了视觉上的层次感，使螭身极具立体感。螭身上所镶的“乙”字钩形绿松石，两两一组，繁而不乱，显得金碧辉煌，华美无比。

“金戴胜”，春秋金器，1986 年陕西凤翔秦公一号大墓出土，现藏于陕西历史博物馆。戴胜，鸟名，雀头有冠，五色。

“鸳鸯金带钩”，春秋金器，其一长 2.3 厘米，高 1.5 厘米；其二长 2.5 厘

米，高 1.8 厘米，1992 年于陕西省宝鸡市益门村春秋墓葬出土，现藏于宝鸡市考古工作队。

此带钩呈鸳鸯形，钩头为一回首鸭状。钩身作扁平状，尾部稍大，末端开口。腹中空，有一小柱置于底部方孔中间。钩身侧面作蟠螭纹形，背部双螭相交。钩身上的纹饰细密，做工规整。钩首与之基本相似的另一件带钩，钩身作宽尾鸳鸯形，腹部圆满，颈部有多道褶壁，宽尾呈弧状。尾与躯体相接处内收。周身饰羽状斜线纹，腹侧有呈“S”形的曲状纹饰，表示羽翼。眼睛内填以绿松石。整体造型庄重浑厚，神态惟妙惟肖，是一件优秀的圆雕作品。

“金虎符”，战国金器，高 2.3 厘米，长 4.8 厘米，重 35.6 克，1979 年于陕西省凤翔出土，现藏于西安市文物管理委员会。

此符作卧虎状，巨目，大耳，龇牙，四腿曲卧，长尾，尾末端微上卷，通体纹饰皆为凸雕和阴刻。器背有扣槽。体形虽小，但制作精美，镂雕生动，达到了很高的艺术水平。

虎符也称兵符，源于春秋战国时期，是君主授于大臣兵权后，于调兵遣将时所用的凭证。

“金樽”，战国金器，长 21.3 厘米，重 902 克，1977 年于河北平山中山王墓出土，现藏于河北省文物研究所。

此樽呈八棱形，两侧为相向的两龙，以蓝琉璃镶睛。向上一龙银镶双翼，向下一龙银镶双角，造型华丽，针刺花纹细如毫发。

“虎牛相斗金牌饰”，战国金器，长 12.6 厘米，宽 7.4 厘米，出土于阿鲁柴登匈奴墓中，现藏于内蒙古自治区博物馆。

此金牌呈长方形，上饰“四虎咬一牛”的图案。采取俯视角度，牛平卧，四肢伸开，四虎分前后两组分别咬住牛颈及牛腹，靠近牛头一组的虎耳为牛角所刺穿。

金牌纹样夸张变形，选取虎牛争斗的紧张场面加以表现，富有浓郁的游牧生活气息。此金牌体现了匈奴金器制作的水平和风格特色。

“王精金印”，西汉金器，长 3 厘米，宽 1.1 厘米，钮高 1 厘米，宽 0.7 厘米，

1966 年于西安沙坡出土，现藏于西安市文物管理委员会。

此金印之印型为立方形体台座，龟钮，龟背隆起，高鼻张口，睁目昂首，背部刻有六边形几何纹饰，在六边形内外又刻连珠纹。龟四足上布满圆点纹，制作精细。底部有“王精”篆字。印章上的龟钮为吉祥动物，古人认为龟能卜凶吉，象征长寿，故龟纹是我国古时常见的一种装饰纹样。

“动物纹金牌饰”，西汉金器。

此金牌饰为长方形，四周以人字纹为边框，中间立一兽，兽头似马，嘴略似鹰喙，颈部鬃毛飘卷全身，爪似虎，腰细如豹，长尾垂地。兽身上方布满镂空云纹。

此牌饰背面有麻布印痕及对称二系纽，为典型的鄂尔多斯式牌饰，富有浓厚的北方游牧民族特征。

“八龙纹金带扣”，西汉金器，长 9.8 厘米，宽 6 厘米，1976 年于新疆维吾尔自治区焉耆县黑格达遗址出土，现藏于新疆维吾尔自治区博物馆。

此带扣在薄金片上压制出八条大小不同、形态各异的龙，以一条龙为主纹，龙体起伏盘绕于全器，四周围有七条小龙。龙身上的花纹及水波纹由纤细如发的金丝焊接而成，其间嵌以极小的金珠，龙身多处镶嵌绿松石。八龙游动自如，栩栩如生。带扣四周用金丝围边。

此带扣采用了钣金、压模、錾刻、抛光、掐丝、焊接等工艺，是一件极为珍贵的古代艺术品。

“金灶”，西汉金器，通高 1.1 厘米，长 3 厘米，宽 1.5 厘米，1978 年于陕西西安沙波村出土，现藏于西安市文物管理委员会。

此灶长方形，灶门长方形，灶面上放置一锅，锅内装满小金珠，象征米饭，灶台右上角装有细金丝盘旋而起制成的烟囱，灶台四周用掐丝工艺制成盘绕的带纹，顺带纹饰联珠纹；灶门正上方和锅的四角处錾出桃形，嵌红紫绿色宝石五块，金灶制作精细，形象逼真。

“龙形金片饰”，东汉金器，残长 4.6 厘米，重 2 克，1981 年 2 月于江苏省

邗江县甘泉镇二号汉墓出土，现藏于南京博物馆。

此金片是用细小的金珠和金丝做出龙首和龙身，制作精细，可见东汉掐丝和镶嵌等细工工艺的使用已相当娴熟。

“宜子孙”金饰，东汉金器，高 2.3 厘米，宽 1.8 厘米，1954 年 11 月于安徽省合肥市乌龟墩东汉墓出土，现藏于安徽省博物馆。

此金饰接近圆锥形，顶上部有一孔，可以穿系。正面嵌“宜子孙”三个篆字。边上焊以细小的金珠。这种用金珠装饰器缘的技法，东汉时期首先在南方出现，汉以后在南方继续流行。

“金冠饰”，北燕金器，通高 26 厘米，1965 年 9 月于辽宁省北票县西官营子北燕冯素弗墓出土，现藏于辽宁省博物馆。

冠饰上面为六枝形顶花，每枝上绕三个环，环上各穿一金叶，枝干铆在一个仰钵形座上，下面穿过一个扁球，于十字交叉形的金片相连。金片上有针眼，原为附于冠上的框架。

“‘猗也金’四兽金牌饰”，西晋金器，长 10 厘米，宽 6.9 厘米，1956 年于内蒙古凉城小具子滩沙虎子沟出土，现藏于内蒙古自治区博物馆。

此器为服饰品，模铸，镂空。

“小金狮”，西晋金器，共六个，形象相同，每个长约 1 厘米，重 5–6 克，1955 年于河南孟津出土，现藏于洛阳文物工作队。

“人物双狮纹金饰牌”，北朝金器，长 10 厘米，宽 5.8 厘米，重 130.8 克，出土于科尔沁左翼中旗腰林毛都苏木北哈拉吐。

此器模铸，正面凸起，雕一高鼻深目武士，两侧各依偎一只雄狮，周边饰以变形勾云纹。这种高鼻深目的人物和双狮形象造型独特，受到西亚文化影响。该饰牌是鲜卑贵族用以护身的佩饰。

“晋归义氐王”金印，西晋金器，现藏于上海博物馆。

此金印重 88.5 克，驼钮，印面文字为凿刻而成。此印为晋室颁赐给归顺于晋的氐族部落酋长之印。

“金棺银椁”，唐代金器，通高 28 厘米，总

重 1800.4 克，1985 年于临潼县唐庆山寺出土，现藏于临潼县博物馆。

整器由金棺、银椁、须弥座组成。金棺前档粘有团花宝珠和浮雕的镏金护法狮子，后档黏有珍珠团花，棺盖上粘有缠枝宝相花，并以锦带缚缠。银椁前档雕出门扇，左右各一浮雕菩萨，后档上粘浮雕摩尼宝珠。椁盖中央贴镏金白玉宝蕊莲花，周围为四朵宝石镶嵌的团花，莲花和团花上皆用粗银丝作成螺旋塔形。椁的两侧面有五个或坐或动的罗汉。须弥座以壶门作底，上围以透空栏杆。周围镶嵌六周珍珠。金棺银椁采用锤揲、掐丝、贴焊、铆合、镂雕、镶嵌等手法，玲珑剔透，具有很高的艺术价值和科学价值。

“纯金四门塔”，唐代金器，高 7.1 厘米，重 184 克，1997 年于扶风县法门寺地宫出土，现藏于法门寺博物馆。

塔是随着佛教的传入而出现的一种建筑形式，主要用来保存舍利。此塔用纯金铸成，由塔身和塔座构成。塔身为单层，下部錾出砌石纹样的台基，台基的四侧门下錾刻出象征性的条石垂带踏步，阑额錾连珠菱形锦纹。塔顶为四角攒尖形，塔檐叠涩外挑，四侧坡面均錾饰瓦纹，塔刹为硕大的火焰宝珠。塔体饰忍冬和阔叶卷草，塔座四侧壁錾饰一周仰莲花瓣。

“如意轮观音盝顶金函”，唐代金器，高 13.5 厘米，重 913 克，1987 年于扶风县法门寺地宫出土，现藏于法门寺博物馆。

宝函用纯金制成，通体錾饰花纹。函体作正方形，盝顶，函体和函盖以铰链相接，前置锁钥，顶盖可启合。盖面中心錾两只展翼旋绕的凤鸟，尾部呈阔叶状，四周衬饰西番莲和花蔓；斜刹各錾出两只引颈翘首的鸳鸯；立面边栏各錾四只振翅飞翔的鸿雁。构图左右对称，意趣盎然。

“金龙”，唐代金器，长 9.4 厘米，长 4 厘米，1971 年西安市郭家滩唐墓出土，现藏于西安市文物管理委员会。

金龙为腾飞状，一爪高举，爪为三趾，长尾端部卷曲。头长独角，角向后作卷曲状，巨目大嘴，眼与耳下有三撮短须，在曲颈与背上竖立齿状脊。通体饰以鱼鳞纹，身躯下部有镂空处，原镶嵌绿松宝石。

“金凤”，唐代金器，长 6.7 厘米，高 6.6 厘米，1971 年于西安市郭家滩唐墓出土，现藏于西安市文物管理委员会。

此金凤共三件，三凤两足蹬地，展翅扬尾，跃跃欲飞，把欲飞的刹那间动作刻画得非常形象，准确而具神韵。头顶高花冠，凤目如画，正视前方，短喙曲颈。在胸、腹与飞翼处，原嵌绿松石，年久脱落。顶端为花朵，自然生动。气氛酣畅热烈，色彩鲜艳明亮。具有写实风格，有很强的装饰性。

“乐伎八棱金杯”，唐代金器，高 6.1 厘米，口径 7 厘米，重 378 克，1970 年于西安市何家村出土，现藏于陕西历史博物馆。

此杯侈口，弧腹内向，喇叭形圈足，足沿以环状联珠缀成，环柄。柄上有平鋬，上饰高鼻深目长髯的两个胡人头。杯身呈八棱形，浇铸成型。杯体每面以錾出的连珠纹为栏界，内有执拍板、小铙、洞箫、曲颈琵琶的乐伎，另有抱壶、执杯及两名空手作舞者。人物均系胡人。其背景衬以忍冬卷草、山石、飞鸟、蝴蝶和鱼子纹地。这种八棱形的器物造型，显然是受到了波斯萨珊、粟特金银器风格的影响。

“鸡心形金香囊”，安徽宣城出土。

由两片金叶锤压而成，正反两面均镂刻首尾相对的双龙纹，香囊边缘还饰有草叶和联珠，制作十分精细。而浙江义乌出土的一条金龙，打制得更是惟妙惟肖，龙长 15.7 厘米，宽 1.8 厘米，器形较小，但造型生动，昂首曲颈，张口吐舌，前后左肢向前伸展，右前肢着地，右后肢用力后蹬，尾巴粗长，尾端上卷，矫健有力，气韵生动。这些金器的共同特点是在较小的形体中，通过精致而缜密的细部造型或纹饰图案，来拓展出一个生动的艺术空间。

“金棺”，宋代金器，长 17.8 厘米，大头高 10.6 厘米，宽 9 厘米；小头高 7.5 厘米，宽 7.6 厘米，重 331.5 克，1987 年 5 月 21 日于陕西省武功县报本寺塔地宫出土，现藏于武功县文物管理委员会。

此棺前高后低，状如木棺，由盖、帮、底座三部分组成。盖、帮厚不足 0.5 毫米，以榫卯相接，盖饰贯线纹，座为“工”字形须弥座。棺头上端呈弧形，饰有两只相对的鸟。

“金龙”，北宋金器，长 15.5 厘米，重

6.8 克，1984 年 3 月于义乌县塘李乡景德寺遗址窖藏出土。

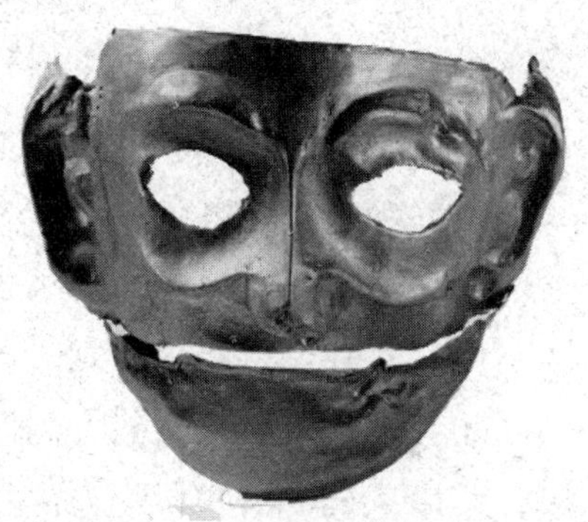

此金龙为鳄鱼头，双角分叉似鹿角，牛眼，上下颚较长，似猪嘴，张口，舌呈如意头状，上唇上翘，下唇较上唇粗短，有鬣毛卷向颈部。颈细长，由颈至腹逐渐变粗。虎尾，尾端上翘。四肢粗壮有力，各有一束细长肘毛，前足上方有“许旦”刻款。左前足高举至头，四爪弯曲似鹰爪。龙身饰鱼鳞纹，错落有致。整条金龙采用錾刻工艺制作，凶猛威武，气势冲天。

“金娃娃”，南宋金器，长 2 厘米，重 6 克，1974 年 11 月于浙江衢州市郊瓜园村史绳祖墓出土，现藏于浙江衢州市文物管理委员会。

这一金器塑造的娃娃正在地上爬着，天真无邪，憨态可掬，是宋代民俗金器的代表作。

“金面具”，辽代金器，长 20.5 厘米，宽 17.2 厘米，厚 0.05 厘米，1986 年于奈曼旗青龙山镇辽陈国公主墓出土。

此面具覆盖于公主面部，依公主脸型用薄金片在模具上锤击成形，呈半浮雕状。脸型丰满，双目微睁，鼻梁狭长，安详平静。面具边缘有 33 个小穿孔，作为连缀之用。公主死时年仅 18 岁，这件面具的眉、眼局部制作精细。过去辽墓中曾发现过银面具、铜面具、镏金铜面具。陈国公主是辽景帝的孙女、耶律隆庆亲王之女，墓中出土的纯金面具，证实了其身份之尊贵。

“辽代龟盖龙柄鸳鸯提梁壶（一对）”，高 15 厘米，长 12.9 厘米，每只重 250 克。

壶身鸳鸯形，圈足椭圆形，足沿上卷，吻内有孔为流，鸳鸯尾部化出一龙头，提梁似龙嘴喷出的水柱直达颈部，水柱下方的水头散作鸳鸯羽纹。鸳鸯背驮一只小龟为壶盖，栩栩如生。鸳鸯昂首向前，头部五官颇似龙首，双目圆睁，鼻子微翘，头顶錾刻细密鳞片，鸟冠尖翘，腮部羽毛丰满。周身以细密珍珠纹为地，錾刻缠枝莲纹，鸳鸯胸部錾刻两条飞腾祥龙，张牙舞爪，共戏一火焰珠，臀部錾一对鸳鸯展翅欲飞，相对立于向日葵之上。龙和鸳鸯是宋辽时期常用的纹饰。

“契丹文金符牌”辽代金器，长21厘米，厚0.3厘米，宽6.2厘米，重475克，1972年于河北承德深水河村老阳坡峭壁中出土，现藏于河北省博物馆。

此牌为长方形板状，四角抹圆，上端有一圆孔，用于系带。上刻“敕宜速”三字，是传达皇帝诏令，调发兵马的信物。

“刻划牡丹缠枝莲云纹金盏”，口径5.2厘米，高5.4厘米，元成宗大德八年（1304年）造，重131克，1959年于吴县吕师孟墓出土。

此金盏造型新奇，器型为四出菱花式，由四个如意头纹样上下叠加组合而成，采用了米字格的构图方法，即每个如意头均布置在方形的对角线上。盘心锤制出浮雕式的四个小如意头，集合在一起如同花蕊，富有韵律美。

此金盏的制作工艺十分精湛，采用完整的金片锤制，并用模具挤压而成。其中花纹系采用錾刻方法制作，这种技法是中国古老的传统工艺，春秋晚期即已兴起，微细的线条由錾刻的小点构成。金盏还采用了微雕工艺，刻纹细如发丝。

金盏的装饰吸收了漆雕工艺手法。花纹继承了唐宋以来所盛行的缠枝花的造型，以石榴为主，间有莲花和宝相花。整个金盏花枝缠绕回旋，姿态生动，十分精美。花瓣茂密呈放射状，极为丰满。

表现手法继承了晚唐风格，着重表现细部，如花瓣中的花筋和叶片中的叶脉都一一表现无遗。

石榴花的花蕊用极小的空心圆錾成密集的鱼子纹，象征“榴开百子”的吉祥寓意。

金盏边缘印有“闻宣造”三字款识，闻宣为元代制作金器的著名匠师。这件金盏属于民间金银作坊制作的精品。

“荷花鸳鸯金香囊”，元代金器，内置香药，作用与薰香炉相似。图中一对鸳鸯相对立于荷花之上，象征美满婚姻中的一对青年夫妇，气氛和美，宜于置于家中。

“金蜻蜓头饰”，元代金器，横7.7厘米。

蜻蜓头胸腹均经横压捶打，卷成筒状造型，立体感强，制作手法细腻，形

象真实，腹下留出两条针柄，便于插入发中。

“文王访贤金饰件”，元代金器，1959 年 1 月于江苏吴县吕师孟墓出土，现藏于南京博物院。

此饰件为身上的金佩，有孔，可以系在身上。图中左侧为姜子牙，正在垂钓，一派淡泊之意；右侧为文王，正要下车，满怀求贤思治之情。

明太祖朱元璋下令制造的金币——“洪武通宝”，高 8.5 厘米，宽 5.7 厘米，1980 年 2 月于江苏省南京市幕府山出土，现藏于江苏省南京市博物馆。

唐代以后的金器工艺一直保持着较高的水平。明代初期，明太祖朱元璋于洪武元年（1368 年）命京城工部宝源局及各省宝泉局铸行“洪武通宝”。明朝由工部主管铸钱，下设宝源局。朱元璋为避讳元朝的“元”字，也为避讳他自己的名字，把所铸之钱一律叫通宝而不叫元宝。

“楼阁人物金簪”，明代金器。此金簪在细金丝编成的衬底上用金片和细金丝做出楼台飞檐和奇花异草。楼阁分两层，上层有两人倚坐正中，侍女立于两侧；下层正中端坐一人，两旁有侍女侍候。此簪用高超的掐丝工艺，在有限的空间内以细丝编织出多层次的精美纹样，极为难得。

“金戒指”，明代金器。明代金器出土较多，而金戒指却难得一见。此枚戒指含金八成，主题纹饰为七出灵芝纹，两侧的辅助纹饰似枝蔓，又似卷云。

“金盂”，明代金器。此盂圆唇、敛口、平底，腹微鼓，盂外饰以游龙戏珠纹样。

“金托金爵杯”，明代金器，1958 年于北京定陵出土。

此金器由金托、金爵组合而成，打制成型，装饰以錾花工艺为主。金爵为深腹，短尾长流，流口两侧立二圆柱，三足外撇，腹一侧附有方形把。

托盘为折沿浅腹平底盘，中心立一树墩形柱，使金爵杯更好地固定在金托盘上。柱的三面分别雕出花瓶，瓶内各插一支嵌珠宝的花卉。

整器装饰复杂，富丽堂皇。爵腹壁刻浅浮雕二龙戏珠及海水江崖流云纹，三足及二柱刻龙首纹，爵把饰云雷纹，三足上部及二柱顶端各嵌红宝石一枚。

平錾线条流畅潇洒，自然优美。爵内镶有一层极薄的金箔内壁，光亮平滑，便于使用。托口及腹内饰勾连云纹，外壁饰二龙戏珠，底内壁饰浅浮雕龙戏珠及云纹。中心立柱满饰如意云头，插入阳錾宝瓶中的牡丹花枝上除嵌有红、蓝宝石外，还饰以金银锭、珊瑚、犀角等八宝装饰。爵底外壁刻铭文一周为“万历年造足色金重五两一钱七分。”

金爵与金托设计奇特，构思巧妙，造型优美，装饰华丽，具有极高的艺术价值。该器为万历帝生前的御用酒器。

“金镶珠石累丝香囊”，清代金器，长 7.2 厘米，宽 5 厘米，厚 2.2 厘米。香囊九成金质，长方形，周身由镂空的累丝花瓣组成。两面均有嵌珍珠花树，叶为点翠，边沿镶嵌绿松石珠一周。香囊上下均有丝绳及红色珊瑚珠为饰。中空，一端有一活动插钮，可启闭。

清代香囊种类多，金质香囊有圆形和长方形的，多镂空，可放入香料或鲜花花瓣，系于腰间，是清代的服饰之一，为后妃贵妇日常生活必备之物。精巧玲珑，便于携带，狩猎、出游时可随身携带，所过之处香气袭人。

“清乾隆金发塔”，清代著名金器，高 147 厘米，底座 70 厘米，现藏于故宫博物院。

此塔由下盘、塔斗、塔肚、塔颈、塔伞及日月六部分组成，各层均于适当部位嵌珠宝、绿松石、珊瑚等。塔肚内供佛后置一盛发金匣，金匣正面饰六字真言，匣墙有吉祥纹饰，下配白檀香木座。塔下承以紫檀木莲花瓣须弥座，塔座前正板上贴有“大清乾隆年敬造”款。

清高宗乾隆四十二年（1777 年），乾隆皇帝的生母崇庆皇太后病逝于圆明园长春仙馆。乾隆皇帝为表示对母亲的缅怀，在母亲去世不到一个月的时候，降旨制造金塔一座，用以盛放母亲的头发。

此塔共用黄金三千余两，由清宫造办处承制，并派遣大臣福隆安、和珅等人督办。

金发塔设计式样经乾隆皇帝本人亲定，经三个多月紧张赶制而成，安放在崇庆皇太后生前居住过的寿康宫东佛堂内。

此塔以盘纹焊接和锤胎錾花等工艺制作而成，纹样端庄优美，造型稳重大方，制作精细，技艺高超，反映了清代乾隆一朝金属工艺的水平。

五、金器的鉴别

金被人们视为珍宝，成为财富的象征。一些造假者为牟取暴利，常用铜等材料冒充金，或用镏金、镀金、包金等材料来鱼目混珠。为了辨别真伪，人们对金的认识和鉴别积累了一套经验和方法，有效地利用了金的物理性质和化学性质。

一是看。这是最古老的方法，也是最直接的方法。因为金器中根据黄金含量不同会显现出不同的颜色，有“七青、八黄、九紫、十赤”之说。纯金的颜色应为黄色，细看还略有些冷红色，因此称之为“赤金”，这是足金。但绝对的纯金是不存在的。即使用现代发达的冶金技术，也只能使金的纯度达到99.95%–99.99%而已。我们在辨别金器真伪的时候，首先要看它的成色，如果颜色不正，那肯定是有问题的。

二是听。黄金是金属中密度较大的，其比重为19.3，拿到手里会有沉甸甸的感觉，也就是所说的压手。如果黄金落到硬质木板上，会发出“叶叶嗒嗒”的沉闷声响，而其他金属掉到地上会发出比较清脆的声响。真金离地面一米高自然落地时，在地上蹦起不会超过三下，而伪品则会超过三次。

三是小心地扳一扳金器的薄弱处或细小处。黄金具有良好的延展性，1克黄金可以拉成直径0.00434毫米、长3500米的金丝；可锤炼成厚度仅为0.23纳米的金箔。黄金纯度越高，质地就越软，因此，金器一般容易变形，但不易折断，假的则容易折断，不容易变形。一件金器，如果在薄弱处或细小处用手指轻轻扳动，应有柔软的质感。

四是用牙咬或用针划。因为金比较软，用牙咬时会在金的表面留下印痕，用针也可以轻易地在金的表面划出痕迹来。

五是用火烧。“真金不怕火炼”，纯金放入火中烧红，取出来后颜色是不变的。根据黄金化学性质稳定、不易被氧化的属性，可以试烧一下。如果取出来之后颜色

有改变，那肯定是有杂质的。

六是滴硝酸。金的化学稳定性极强，硝酸、盐酸、硫酸等都不能对它发生作用。金仅能溶于王水中，王水是盐酸和硝酸 3：1 的混合剂。测试黄金都采用硝酸作试剂：先用玻璃棒沾上少许硝酸，然后轻轻地滴到金器上，如果不变色，就是真金。

古代银器

中国的白银资源相当丰富，从明朝起，中国又通过输出丝绸、瓷器、茶叶等商品换回大量白银，创造出了十分精美的银制品。中国早在西周时期就有银器了。商代青铜工艺的繁荣和发展，为银器的发展奠定了雄厚的物质基础和技术基础。古代银器是在中国丰富多彩的文化土壤里产生的，它从其他文化艺术领域里汲取营养，成长为一朵奇葩。过去，银器的使用权只被王公贵族所独揽，现在银器已经走进了千家万户。

一、略谈白银

纯银是一种美丽的银白色金属，在地壳中占亿分之五。《禹贡》一书中有“唯金三品”之语，是把银与金、铜并列，可见我国早在公元前23世纪，即距今四千多年前便发现了银。银和金、铜一样，是人类最先发现的金属之一。

银具有很高的延展性，可以碾压成只有0.00003厘米厚的透明的银箔，一克重的银粒可以拉成约两公里长的细丝。人们利用银的这种易于加工的特性，将其加工成各种银器和装饰品，来丰富人们的生活。

银饰件是人们赠给初生婴儿的首选礼物，还有人用银匙喂孩子。原来，银离子能杀菌。每升水中只要含一千亿分之二克的银离子，便能使大多数细菌死亡。十亿分之几克的银能使一升水变清洁。内蒙古牧民常用银碗盛马奶，可以长期放置而不会变酸。

两千多年前，人们就知道把银片覆盖在伤口上杀菌。现在，人们用银丝织成银纱布包扎伤口，用来医治某些皮肤创伤或难治的溃疡。若皮肤碰伤，一时无药，立即将身上戴的纯银银器贴在伤口上，可以防止感染。普通的抗生素仅能杀死六种不同的病原体，而含银的抗生素竟能杀死六百五十种以上的病原体。银筷子能够检测出食物中含硫的毒剂。人们利用银的这种特性破案，还可以预防一些自然灾害。如我国古代法医曾用“银针验尸法”来测定死者是否中毒而死，破获了不少谋杀案。又如火山爆发及大地震之前，地表会渗出含硫的气体。这种气体会使银器的表面很快变黑，从而显示出火山即将爆发、大地震将要来临的征兆。

银是人体内的微量元素之一，微量的银对人是无害的。银是一种可以食用的金属，我国古代常用银箔包裹食品和丸药服用。

银是某些生物的食物，白蚁就吃白银。古时候，有一个妇人在箱子里放了150两白银，有一天开箱查看，发现藏银不翼而飞了。妇人大吃一惊，怀疑白银被人偷走，十分恼火。后来，她继续寻找，忽见一大

堆白蚁正团团围着残存的银粒在吞吃。妇人一气之下，把白蚁投入炉中活活烧死，以解心头之恨。没想到白蚁烧光后，腹中的白银全露出来了，放到戥子上一称，正好是150两。

银在中国古代称为白金，银和黄金一样，是一种历史悠久的贵金属，至今已有四千多年了。银最早用来做装饰品和餐具，后来才做货币。最初，由于取银困难，它的价值比金还贵。马克思在《政治经济学批判》中讲到：“……而银的开采却以矿山劳动和一般比较高度的技术发展为前提。因此，虽然银不那么绝对稀少，但是它最初的价值却相对地大于金的价值。”

925代表银的纯度，这是银器的最高纯度，正如999是黄金的纯度一样。因为足银过于柔软，还容易氧化，所以925银被国际公认为纯银。

银常以纯银的形式存在，人们曾经找到过一块重达13.5吨的纯银。银也以氯化物与硫化物的形式存在，常同铅、铜、锑、砷等矿石共生在一起。

天然银多半和金、汞、锑、铜或铂组成合金，天然金几乎总与少量的银组成合金。除天然银外，银矿主要有辉银矿，其次是角矿。

人类如何提炼银呢？将银矿石与食盐、水放在一起加热，再与汞结合成为银汞齐，蒸去银汞齐中的汞，就能得到银了。也可以用氰化碱浸出银矿石中的银，再加铅或锌使银沉淀出来。

现在，人们用银制成合金、焊药、银箔、银盐、化学仪器等，也有将银用于制造银币等方面的。

二、银器的分类

银器有两种分类法：一是传统分类法，一是现代分类法。传统分类法将银器分为八组，即茶具、法器、盥洗器、食器、饰件、药具、饮器和杂器。现代分类法将银器分为三类，即首饰、器皿和银币。因本书介绍古代银器，所以采用传统分类法。

（一）茶具

鎏金龟形银盒，唐代银器，高 13.3 厘米，长 27.7 厘米，宽 14.9 厘米，重 818 克，1987 年于扶风县法门寺地宫出土，现藏于法门寺博物馆。

此盒采用钣金、模压、錾刻、鎏金、焊接等工艺加工而成，是一种可以开启、盛放茶叶的容器。唐代有尚龟的民俗，其造型模仿龟状。龟首昂起，尾部下垂，深腹平底，四腿紧贴腹部，左足前掌踏地，如正在行走，极具动态，体现了晚唐高超的银器加工水平。

鎏金人物画银坛子，唐代银器，高 24.7 厘米，口径 12.3 厘米，1987 年于扶风县法门寺地宫出土，现藏于法门寺博物馆。

鎏金人物画银坛子是唐懿宗、唐僖宗为迎送佛骨而供奉的配套茶具中的贮藏器，共有两个，形制相同。此坛深腹平底圆足，由盖、体和足三部分组成。盖为四瓣竖凸棱形结构，每瓣内饰一巨狮，衬以缠枝蔓草，鱼子纹地。盖钮为珠宝状，饰以二方连续的蔓草纹、鱼子纹地。坛身分成四个开光区，各为壶门形画面，上有四组人物图案。第一组：两人相对跽坐于蒲团上，一人捧杯，一人吹笛。第二组：一人双手抚琴跽坐于蒲团上，其侧有双鹤振翅欲飞。第三组：一蛇口含宝珠，一人举手作接珠状，取材自“随侯得珠”。第四组：一人吹笙跽坐于蒲团上，身旁一凤翩翩起舞，取材自“吹笙引凤”。

折枝鸿雁纹银匜，唐代银器，高8.7厘米，直径20.5厘米，足径12.5厘米，流长8.5厘米，1970年于西安市何家村出土，现藏于陕西历史博物馆。

古代盛器，出现于西周中期。折枝鸿雁纹银匜是唐代用来烹茶的器具，侈口鼓腹圆底，喇叭形圈足。口沿处焊接向上微翘的流。腹部以散点装饰手法，间隔排列折枝花两枝及口衔绶带的鸿雁一对，内有墨书题记——“廿一两”。

鸿雁衔绶纹银匕，唐代银器，高12厘米，1989年于西安市国棉五厂出土，现藏于陕西省考古研究所。

此银匙为茶匙，首呈椭圆形，后带一鸭首形柄，通体錾花。银匙之首正反两面均饰鸿雁衔绶纹，周围配以折枝花、莲叶等。图中鸿雁立于莲叶上，口衔绶带，振翅欲飞。此匕正反两面饰以错落有致的缠枝、莲枝和飞鸿等。银匙通体为鱼子状地纹，匙侧饰一伏鸭，做工精良，錾刻线条流畅自然。

（二）法器

迎真身银金花纹十二环锡杖，唐代银器，长196.5厘米，重2390克，1987年于扶风县法门寺地宫出土，现藏于法门寺博物馆。

锡杖为银质，通体錾饰花纹并涂金。杖杆为圆柱形，中空。其纹饰可分作三段：下段为三栏纹样，以联珠纹为栏界，上两栏錾饰四出团花纹，下栏为二方连续的一整二破团花，杖镦呈扁球形，其上錾一周八瓣覆莲；杖身中段为主体花纹，由上至下錾出七组（每组两体）十四体身披袈裟、有头光、手执法铃、立于莲花之上的缘觉僧，周围衬饰花叶和缠枝蔓草；上段以一周凸起的八瓣仰莲作栏界，分錾蜀葵、山岳、云气和团花等六栏花纹，与下段纹饰相呼应。杖首用直径0.6厘米、錾有流云纹的银丝折成垂直相交的四股桃形轮与杖杆铆接，每股轮幅上套置三个满饰缠枝蔓草的扁圆锡环；轮顶又是象征佛所在的两重莲台。据两个相邻轮幅上的錾文可知，此杖为唐懿宗咸通十四年（873年）文思院为迎取真身奉敕所造。

鎏金带座大日如来像，唐代银器，通高 15.1 厘米，座高 4.5 厘米，重 651 克，1987 年于扶风县法门寺地宫出土，现藏于法门寺博物馆。

此立像系采用失蜡法浇铸而成，通体分为三大铸件：首、身、火焰身背光。佛像坐于莲台之上，莲座表面经过打磨抛光并凿出花瓣纹饰。佛像除面、胸、掌、束腰外均采用鎏金工艺。神态安祥超然，比例适度，做工精细，是唐代造像中的精品。

所谓失蜡法指先在模子中用蜡制成所需要的器形，然后往模子的一孔注入铜水，模子中的蜡遇热融化，从另一孔流出，即可获得成型的青铜制品。

银椁，唐代银器，通高 28 厘米，总重 1800.4 克，1985 年于临潼县唐庆山寺出土，现藏于临潼县博物馆。

整器由银椁、须弥座组成。银椁前档雕出门扇，左右各一浮雕菩萨，后档上粘浮雕摩尼宝珠。椁盖中央贴鎏金白玉宝蕊莲花，周围为四朵宝石镶嵌的团花，莲花和团花上均用粗银丝做成螺旋塔形。椁的两侧面有五个或坐或动的罗汉。须弥座以壶门作底，上围以透空栏杆。周围镶嵌六周珍珠。银椁采用锤、掐丝、贴焊、铆合、镂雕、镶嵌等手法，玲珑剔透，无与伦比，具有很高的艺术价值和科学价值。

团花为传统寓意纹样。一种四周呈放射状的或旋转式的圆形装饰纹样。有大团花及小团花之分，后者亦叫“皮球花”。有的把两个团花连接成一个纹样，称为“双球花”。在古代铜器、陶瓷、织绣品以及现代一些工艺产品上都有用团花作装饰的。

锤为晋代发明的一种雕塑技法。其法是先做成所需要塑造物体的模型，然后用薄铜片披在模型上，锤打而成，称为“锤”。这是我国较古老的一种技术。

（三）盥洗器

鹦鹉纹提梁银罐，唐代银器，高 24.2 厘米，口径 12.4 厘米，底径 14.3 厘米，重 1789 克，1970 年于西安市何家村出土，现藏于陕西历史博物馆。

此罐大口短颈，覆碗形盖，罐腹鼓起略呈亚

字形，喇叭形圈足，提梁辖焊接在罐肩上两个葫芦形的附耳之内，可以自由活动。银罐通体装饰以鹦鹉为中心，用折枝花围于四周，形成一个圆形图案，装饰于提梁罐的两面。银罐的颈部与足均饰海棠花瓣，使器物的通体构图显得枝繁叶茂，生机勃勃，给人以欢快舒畅的美感。这种构图反映了当时人们祈求康宁、幸福与长寿的美好愿望。

折枝花即通过写生截取带有花头、枝叶的单枝花卉作为素材，经平面整理后保持生动写实的外形和生长动态，作为单位纹样。在组织排列上将数枝折枝花散点分布，注意花纹之间的相互呼应，形成生动自然而又和谐统一的整体效果。折枝花以其写实生动的风格，成为准确反映审美意境的纹样程式。

（四）食器

鎏金龟纹桃形银盘，唐代银器，高 0.9 厘米，口径 12.3 厘米，重 146.5 克，1970 年于西安市何家村出土，现藏于陕西历史博物馆。

此盘银质桃形，窄平折沿，浅腹平底，盘心处贴焊一模压出的龟纹。经抛光处理后的银盘锃亮耀眼，加之鎏金的龟纹金光灿灿，显得神异高贵。

抛光指利用柔性抛光工具和磨料颗粒或其他抛光介质对工件表面进行的修饰加工。抛光不能提高工件的尺寸精度或几何形状精度，只是以得到光滑表面或镜面光泽为目的。通常以抛光轮作为抛光工具。抛光轮一般用多层帆布、毛毡或皮革叠制而成，两侧用金属圆板夹紧，其轮缘涂敷由微粉磨料和油脂等均匀混合而成的抛光剂。抛光时，高速旋转的抛光轮压向工件，使磨料对工件表面产生滚压和微量切削，从而获得光亮的加工表面。

“李勉奉进”双鱼纹银盘，唐代银器，径 17 厘米，高 1.2 厘米，边宽 2 厘米，1975 年于西北工业大学出土，现藏于西安市文物管理委员会。

此盘银质，双鱼蔓草纹，平底，口沿微敞。银盘完整无缺，盘体以鱼纹为中心，分内外两圈，以对称的蔓草组成装饰团花图案。盘心双鱼体上用金叶镶嵌而成 134 片金光闪闪的鱼鳞，运用错金法使金色的团花映衬在银白色錾小点

底纹上，交相辉映，灿烂夺目。盘底刻有“李勉奉进”四字。

蔓草纹是由蔓生的花草构成活泼饱满的纹饰，带有一种欢乐的色彩，由于它连绵不断的造型特点，人们赋予它连绵不绝的吉祥内涵，蔓草组成带状的图案寓意“万代”。

（五）饰件

鎏金三钴杵纹银臂钏，唐代银器，内径 9.2 厘米，外径 11 厘米，重 128−146 克，1987 年于扶风县法门寺地宫出土，现藏于法门寺博物馆。

此钏银质，面隆，内壁平，钣金焊接成形，施以鎏金。钏体浑然天成，毫无人工焊接之痕迹。此钏制作优良，工艺精湛，加以密宗特有花纹，独特、神秘而别具魅力。

戴臂钏最早为西部之风，唐代妇女普遍戴钏。敦煌莫高窟壁画上大多数女性均戴有臂钏。由此钏可见唐代金银器整体制作水平之高和工匠技艺之娴熟。

蔓草蝴蝶纹银钗，唐代银器，长 35.5 厘米，现藏于陕西历史博物馆。

银钗系锤鍱成型，双股，钗作叶片状歧首。歧首指一个身子两个脑袋。钗面在镂空蔓草纹上饰以蝴蝶状纹样，钗面与钗身之间有 8 字形交花及苞蕾。

（六）药具

银石榴药罐，唐代银器，罐高 10.1 厘米，口径 2.6 厘米，罐口高 1.5 厘米，1970 年于西安市何家村出土，现藏于陕西历史博物馆。

此罐小口、长颈，颈部有一圈棱带，长颈似圆筒，筒底凿二小孔，孔径约 0.5 厘米，孔内有如棍状的塞子，顶端为仰莲瓣，亚字形腹，器壁厚重，圆底。

银药盒，唐代银器，盒高 6.3 厘米，口径 17.5 厘米，重 600 克，1970 年于西安市何家村出土，现藏于陕西历史博物馆。

此盒盒盖与盒底以子母口扣合，锤鍱成

型，素面无纹。

（七）饮器

狩猎纹高足银杯，唐代银器，高 7 厘米，口径 5.9 厘米，足径 3.4 厘米，1970 年于西安市何家村出土，现藏于陕西历史博物馆。

此杯敞口，圆唇略向外翻卷，颈部有一周突棱，深腹略向下斜收，呈小平底。高圈足上部为一小平盘，与杯身焊接相连，中部突出一圆棱，下部为喇叭形状。杯腹饰有四幅狩猎场面，画面空处饰以蔓草缠枝花纹，以鱼子纹为地。器腹的上下边缘及底圈足，分别刻有石榴忍冬、卷草纹样。整个纹饰有人物、禽兽、流云、树木、花草等形象，是一幅生动的古代狩猎图。

蔓草鸳鸯纹银羽觞，唐代银器，高 3 厘米，口径 7.6−10.6 厘米，底径 4.2−6.6 厘米，1970 年于西安市何家村出土，现藏于陕西历史博物馆。

羽觞也称“耳杯”，是古代人饮酒用具，器身椭圆形，两侧有对称的双耳。该器侈口，口沿稍外翻，弧腹平底。器身呈椭圆形，有长方形片状双耳鍱接于口沿之下。器物锤鍱成型。这种锤鍱技术原属西方金属工艺，后在我国金银器制作工艺中得到广泛的运用。

（八）杂器

忍冬花结五足银熏炉，唐代银器，通高 30.9 厘米，腹径 21.2 厘米，1970 年于西安市何家村出土，现藏于陕西历史博物馆。

熏炉由三部分组成，上层为半圆形盖，盖面上相间地镂刻出三层如意云头纹饰，中间铆有仰莲瓣宝珠形钮。中层镂刻一周忍冬桃状纹饰，下部以子母口与下层相连。下层为圆盘状炉身，有五个蹄状足，间置五根链条，使熏炉既可平放，又可悬挂。中、下层结合处焊有两个如意卧云，起固定作用。熏炉整体造型舒展大方，风格凝重典雅，是一件观赏性很强的室内摆设用具。

银开元，唐代银器，直径 2.5 厘米，1970 年于西安市何家村出土，现藏于

陕西历史博物馆。

银开元是仿照铜质的开元通宝铸造的。正面为楷书“开元通宝”四字，背面有新月纹。唐朝时，银开元并不作流通货币使用，主要是皇室贵族用来作游戏、压胜或皇帝赏赐臣属时用的。

银锁，唐代银器，通长 12 厘米，宽 1.8 厘米，1970 年于西安市何家村出土，现藏于陕西历史博物馆。古代称锁为门链，指关闭门户、柜橱、箱匣等用钥匙才能开启的金属器具。这把镏金银锁是由锁牡、锁牝、锁匙三部分组成。锁牝即锁身，锁牡即锁公，锁匙即钥匙。银锁浇铸成型，花纹平錾，纹饰涂金，通身装饰菱形花纹。

三、银器史

（一）西周银器

中国银器的产生和发展经历了漫长的历史，银文化的发展历程又长又辉煌。据已经出土的银器可知，在西周时期，我们的祖先就开始使用银器了。

西周时期，中国已经掌握了金银平脱技术，金银平脱工艺是将金片或银片饰件用漆粘在器物上之后，再在器物表面上继续加涂漆液，有时要加涂数次，使漆形成一定的厚度，比饰件厚度稍厚一些。待漆干后，再将金饰片上的漆磨掉，露出饰件纹样，并使之与漆底平滑一致。

当时，曾有一件高 27.3 厘米，宽 29.9 厘米的银马冠，制作十分精美，可称为惊世之作。马冠是古代系在马额上的饰件，一般呈扇面形，上饰兽面，边缘多有孔穿，用以穿绳，以便缚在马头上。马冠主要流行于西周早期，多为铜质的。此马冠为银制品，实为难得。

这一时期的银器只是简单的银饰品，实际上就是打制的银片。但是，就是这种简单的银片，开创了中国银器制造的先河。

（二）春秋战国银器

春秋战国时期，社会变革带来了生产、生活领域中的重大变化，大量银器应运而生。银器的形制和种类日益增多，其中银器皿的出现十分引人注目。

从出土地点看，这一时期的银器分布区域明显扩大，在南方和北方都有发现。

从银器艺术特色和制作工艺上看，南北方差异较大，风格迥异。北方匈奴墓出土的大量银器充满了地方特色，如“战国银虎”一对，高 7 厘米，长 11 厘米，1957 年于陕西省神木县纳林高兔村出土，现藏于陕西历史博物馆。其一作

缓步行走状，头颅突出躯干之外，又宽又圆，向下触前爪。小耳紧贴脑际，通体饰以凸棱纹，象征虎身上的斑纹。尾部有三个，颈部有一个规整的圆孔，为穿线用。其二方鼻圆头，两耳外撇，张口暴齿，臀部耸起，伫立前视，呈咆哮之态。颈短粗，躯体浑圆而空，四肢粗壮，爪趾发达，长尾垂地上卷。双肩及前肢饰斜条纹，尾、鼻装饰凸弦纹。这两只虎系浇铸成型，是匈奴金银工艺的代表作，它反映了匈奴人在辽阔的草原上与猛虎相争相斗的生活。

在中原地区的墓葬遗址中，陕西宝鸡益门村 2 号秦国墓葬、河南洛阳金村古墓、河南辉县固围村魏国墓地、河北平山县中山王墓都出土了银器。如夔龙纹镶金银泡饰，径 9.3 厘米，重 86 克，1978 年于河北平山中山国王墓出土，现藏于河北省文物研究所。夔龙形似龙，是只有一足的爬行动物。

南方地区也出土了银器，如楚王银匜，高 4.9 厘米，口径 11.8–12.5 厘米，重 100 克，1949 前出土于安徽寿县，现藏于故宫博物院。银匜为瓢形，无足，通体光素。匜流下面腹部刻有“楚王室客为之”六字，匜的外部底上刻有“室刻十”三字，笔画极精细秀丽。

又如银猿，高 16.7 厘米，发现于鲁国故址，现藏于山东省曲阜文物管理委员会。此为带钩上银饰件，猿一手高举，双眼镶以蓝色琉璃，身上局部贴有金箔。银猿鼓起双腮，神态生动。银猿动作有力，生动活泼，突显了猿的性格特征。猿身贴饰曲线优美的金箔，典雅富丽，风格与北方少数民族地区的银器有较大差别。

战国时期的银制品除了前面提到的银器外，还有银牌饰、玺印、银空首布。内蒙古伊克昭盟伊金霍洛旗石灰沟匈奴墓曾出土虎噬鹿银牌饰、双虎纹银牌饰、银扣饰、刺猬形银饰件，与草原游牧民族同样题材的金牌饰风格一致，说明当时的人们在掌握了黄金提炼制作的同时，也掌握了提炼难度较高的白银制作工艺。战国古玺也有少量是用银制作的。

南北银器的大量涌现，是春秋战国时期社会急剧发展的证明。

（三）秦代银器

秦代历时很短，但也有银器与装饰品。

这时，中国银器进入快速发展时期，可以用铸造、焊接、掐丝、镶嵌、抛光等多种工艺制造出色彩艳丽、五光十色的器皿了。

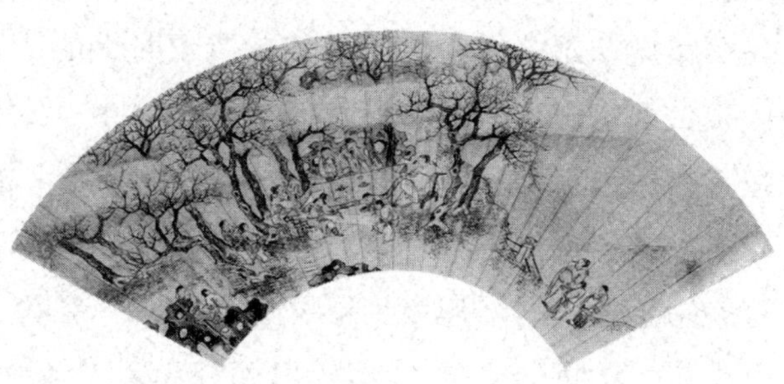

1980年冬，在秦始皇陵西侧20米处7.8米深的地下出土了两辆大型铜车马，相当于真车马的一半。其中二号车由大小3462个零部件组装而成，上面有青铜制件1742个，黄金制件737个，白银制件983个。其中银质的有银镳、银軎、银辖、银环、银泡、银项圈等，均系铸造成型。镳是马嚼子；軎是古代车上的零件，形如圆筒，套在车轴两端，上面有孔，用以穿辖；辖是插在轴端孔内也就是軎孔内的车键，使车轮不致脱落。

根据对这些银配件的研究已能证明，秦朝的银器制作已综合使用了铸造、焊接、掐丝、嵌铸、锉磨、抛光、多种机械连接及胶粘等工艺，而且达到了很高的水平。当时，秦人还掌握了刻花鎏金等技术。

秦代银器还发现有鎏金龙凤纹银盘，银质鎏金，口径37厘米，底径21.1厘米，高5.5厘米，重1705克，于山东临淄西汉齐王刘襄墓陪葬坑中出土，现藏于山东省淄博市博物馆。

此盘直口，平沿，折腹，盘底向内微凹。纹饰錾刻鎏金，内底饰三条蟠龙，其外阴刻四道弦纹，龙体盘曲，有足，上部作侧立形，龙首后扬，嘴大张，几乎成一百八十度；下半部似蟠坐状，相互卷曲缠绕。盘腹饰六组龙凤纹，夸张变形，构图复杂。直口及平沿处饰变体龙凤纹，抽象简略。眼部较具体，可辨识。口沿背面刻有铭文："三十三年左工□名吉七重六斤十二两廿一铢奇千三百廿二□□六斤十三两二斗名东。"

此盘造型考究，制作精美。纹样布局独具匠心，从盘底开始向盘腹、直口及折沿展开，装饰面依次减小，纹样也渐趋抽象，使盘底的主纹成为视觉的中心，重点突出，节奏分明。

此盘纹饰錾刻精细，线条均匀流畅，仅纹样鎏金，地则为银色，黄白相映，极富装饰感。这种装饰方法在唐代颇为流行，唐人称之为"金花银器"者，即源于此盘。

此盘以龙纹作主纹，与战国秦汉时期的阴阳五行学说有关。当时人认为朝代更替都是由上天按五行金、火、水、土、木相克的顺序安排的，只有在五行中占有一德的人才可以做天子，上天也会降下相应的符瑞。秦始皇欲代周而立，周为火德，根据五行学说，秦应占水德，但却迟迟没有符瑞降临。这时，有人对秦始皇说："当年我大秦文公曾猎获一条黑龙，说明秦得天下的符瑞早在五百年前就已经出现了。"秦始皇闻言大喜，认为龙就是自己的象征。此盘铭文中有"三十三年"字样，秦始皇三十三年（公元前 214 年）是秦始皇统一中国的第八年。

此盘在秦朝灭亡后，辗转流入汉朝齐王刘襄手中，齐王死后用以陪葬。此盘刻有铭文，十分珍贵。有人认为这件银盘上虽有秦工师刻款，但盘上另有战国时的铭文，应是三晋所制，为秦灭三晋时的战利品，并非秦代作品。如果此说成立，则此盘的年代就更要提前了。

秦代虽然短促，但其银器却丝毫也不逊色。

（四）汉代银器

汉王朝是充满朝气的大一统封建帝国，国力十分强盛。在汉代墓葬中出土的银器，无论是数量、品种，还是制作工艺，都远远超过了先秦时代。

银器出现比金器要晚，到汉代时，银器的使用范围扩大了。容器时有发现，至于小件银器如银带钩、银指环、银钏、银铺首、银车马具等，数量就更多了。其中造型最新颖的是齐王墓陪葬坑中出土的一件带盖的银豆，盖与腹均装饰花瓣形凸泡。这种以凸泡组成的花纹在中国非常罕见，然而在古波斯阿契美尼德王朝的银器上却屡见不鲜，应该是受到了西方的影响。这个银豆高 11 厘米，口径 11.4 厘米，足径 6.2 厘米，浅腹，平底下接铜制高圈足，盖弧形，上面有三个铜制兽形钮。器身及盖面均锤 出两圈尖瓣状凸泡，交错排列。除尖瓣状凸泡外，不再装饰其他纹样。尖瓣隆起较高，通过光线的折射，可显出银器的高贵与华丽。

豆是我国商周时期常见的器形，为

盛放调味品的器皿，质料有陶、漆、竹木以及青铜等。青铜豆出现于商代晚期，盛行于春秋战国时期，银豆则较为少见。广州南越王墓曾出土一件银豆，与此豆造型、纹饰均极相似。此器造型酷似有盖高足青铜豆，但纹饰却很独特，前所未见。以锤鍱打出凸起花纹的技法不是我国传统的银器装饰方法，而在波斯则极为常见。

如窦氏银匜，高 12.5 厘米，通长 32.5 厘米，身长 25.5 厘米，宽 20 厘米，重 1.4 千克，1952 年于陕西西安青门村西汉墓出土，现藏于中国历史博物馆。此匜长流，方折，平底，腹内下层及底浅刻动物纹，腹内中层及腹外为流云纹。此匜具有珍贵的史料价值和高度的工艺价值。

又如银女坐俑，22.6 厘米 × 9.5 厘米。此俑坐在方形底板上，膝前有圆形筒，参考各地出土的同类遗物，可知此俑双手原握有灯杆之类的器物，灯杆下端插入圆筒内。坐俑与圆筒组成承受其他物体的底座，如湖北省曾出土以人体作支柱的编钟架，河南、河北等地也都曾出土人形灯底座。银俑的坐式古称“跽”，不同于蹲坐和箕踞，在汉代较为流行，表示庄重，被视为合乎礼制的坐法。银俑发髻上绾，身着多层交领广袖长衣，全身比例适度。俑多为陶质，铜俑、铅俑尚不多见，而此俑为银制品，堪称罕见之宝。

汉代除继续用包、镶、镀、错等方法将银用于装饰铜器和铁器外，还将银制成泥屑，用于漆器和丝织物上，以增强富丽感。其工艺逐渐发展成熟，最终脱离青铜工艺的传统技术，走上了独立发展的道路。这就使汉代银器的形制、纹饰以及色彩更加精巧玲珑，富丽多姿，并为以后银器的发展繁荣奠定了基础。

（五）三国魏晋南北朝银器

三国魏晋南北朝时期，社会动乱，朝代更替频繁，社会经济遭受了严重的破坏。但是，由于各民族在长期共存的生活中逐渐融合，对外交流进一步扩大，加之佛教及其艺术广为传播，使这个时期的文化艺术得到了空前的发展。这一切在银器的形制和纹样的发展中也打上了明显的烙印。从考古发掘的情况看，

这个时期的银器数量较多。银器的社会功能进一步扩大，制作技术更加娴熟，器型、图案也不断创新。

北方在曹魏时期安阳大司空砖室墓中发现了银镯、银丝指环。这一时期还发现了重要的银印，如三国武猛校尉印，印面 2.5 厘米 × 2.5 厘米，通高 2.7 厘米，龟钮，印文为篆体。武猛校尉为武官名，始见于汉末三国之际，晋代沿置。银质官印实物较为少见，此印铸造精良，是这一时期官印中的精品。

北京顺义县大营村西晋墓出土了银手镯、银戒指、银臂钏、银指环、银发钗等，是北方西晋墓出土金银饰物最多的墓葬。

这一时期，中原大乱，南方相对安定一些，社会经济有了较大的发展。因此，南方银器和饰物较多。湖北鄂城西山铁矿工地吴墓曾出土银项链、银唾盂等，广州市孜岗晋墓也发现了银镯、银戒指、银钗、银耳挖、银顶针等。江西南昌吴景帝永安六年（263 年）墓、江苏镇江高淳及江西新干酒厂西晋墓，都出土过银镯、银环、银发簪等首饰。

关于东晋时期的银器，元帝永昌元年（322 年）王廙墓曾发现银钗、银簪等饰物。发现最多的是南京郭家山一座东晋早期墓，出土有银铺首、银柿蒂、银兽蹄、小银环等。江苏南京汽轮电机厂、曹后村东晋墓也曾发现银铺首、银栉背、银环、银镯、银钗等。

河北赞皇东魏司空李希宗夫妇墓出土银杯一件，高 3.4 厘米，口径 9.2 厘米，足径 3.5 厘米，敞口，浅腹，圈足。杯壁装饰面划为“S”瓣，形似莲花，有很高的工艺水平，现藏于正定县文物保管所。

宁夏固原北周李贤夫妇墓发现了银提梁壶、银熨斗、银剪刀、银镊子、银钵、银勺、银筷子等。其中最值得注意的是，墓内出土的一件鎏金刻花银壶，长颈，鸭嘴状流，上腹细长，下腹圆胆状，单把，高圈足，把顶铸一深目高鼻胡人，壶颈、足等处有三周联珠纹饰。壶颈相接处焊一周十三个突起的圆珠，形成一圈联珠纹饰；壶腹与高圈足座相接处也焊一周十一个突起的圆珠，又形成一圈联珠纹饰；足座下部再饰一周由二十个突起的圆珠组成的联珠纹饰。壶腹部浮雕一周胡人图像，为三组相对的男女。第一组为

战士出征前夜闺房情恋场面；第二组为次日早晨告别的场面；第三组为女子向战士祝福的场面。纹饰、图像有浓郁的罗马风格。这三组图案的人物头发、衣纹用细线刻画，线条简练流畅，衣物紧贴身上，显得极薄。从西方输入的类似金银器，最早发现于山西大同北魏窖藏中，其中海兽纹曲沿银洗、镏金刻花银碗的造型和植物花纹、人物装饰等，都有西亚特色。

魏晋南北朝时期银器的特点是以饰物为主，容器少见；从中亚、西亚输入的银器及装饰物数量颇丰；西方的形制或制作工艺在这一时期的饰物与容器上都有反映。

这一历史时期的银器对唐代银器的风格有较强的影响。

（六）唐代银器

历史的车轮前进到唐代，银器制造工艺也随之有了重大的发展，银器制造业日益兴盛起来。唐代银器品种齐全，可以分为茶具、法器、盥洗器、食器、饰件、药具、饮器和杂器等，代表了银器工艺的最高水平。唐代银器工艺极其复杂精细，已广泛使用了锤击、浇铸、焊接、切削、抛光、铆、镀、錾刻、镂空等工艺。

唐人对银的崇拜与追求达到了狂热的程度。银器的实用功能与其特殊的审美价值，以及银这种贵金属的本身价值被人们所认可。统治者深信汉代方士们的说法，认为银器可以使人延年益寿，因而不但皇家在日常生活中使用银器，各级官吏也纷纷收集和使用银器。于是，地方官刮起了进奉银器之风，皇帝也将银器赏赐给有功之臣，甚至赏给寺院。如陕西法门寺是唐代著名寺院，曾有数位皇帝亲自赏赐银器给寺中住持，各级官吏也竞相效仿。这样，银器的地位大大提高，银器成了人们的宠物。如银芙蕖就是唐懿宗咸通十四年（873 年）赐给法门寺的供佛具，即十大供养之一的“花”供养。此银器高 41 厘米，重 535 克，1987 年于陕西省扶风县法门寺地宫出土，现藏于法门寺博物馆。莲花是我国传统花卉，古名芙蕖或芙蓉，现称荷花，春秋战国时已用于饰纹。自佛教传入我国后，莲花成为佛教标志，佛教将莲花视为圣洁、吉祥的象征。银芙

蕖层层堆旋，形象逼真。又如鎏金仰莲瓣荷叶圈足银碗，是都虞侯兼押衙监察御使安淑奉献给佛真身的供养器，通高 8 厘米，口径 16 厘米，足径 1.2 厘米，总重 223 克，1987 年于扶风县法门寺地宫出土，现藏于法门寺博物馆。十大供养为十种供佛之物，有花、香、璎珞、末香、涂香、烧香、缯盖、幢幡、衣服、伎乐等。

此碗为模冲成型，纹饰鎏金；碗壁模冲呈两层莲瓣，错列排置，瓣尖形成口沿；圈足为翻卷荷叶；内足壁墨书“吼”字，系密教咒语。

唐代银器经历了不同的发展阶段：

初唐到唐高宗时期（618–683 年），银器品种不多，有壶、杯、碗、盘、铛等。棱形器物是这个时期的重要特征。装饰特点是划分出许多区来配纹饰，装饰区多在 9 瓣以上，甚至有 14 瓣的。这些区多錾刻成 U 形或 S 形。这一时期的银器深受外来因素影响，如素面带把银瓿，通高 9.5 厘米，口径 9 厘米，足径 7 厘米，1970 年于西安市南郊何家村出土，现藏于陕西历史博物馆。此瓿纹饰受粟特银器影响，锤击成型，口微侈，束颈，圆鼓腹，圆底，圈足外撇。腹部焊有一环形把柄，杯把上部有指垫，下带指鋬。这件银瓿虽然通体光素无纹，但其别致的造型和浓郁的异域风格，反映了当时中西文化交流的情况。

武则天到唐玄宗时期（684–755 年），银器品种增多，12 瓣以上的装饰分区法已被淘汰，大量采用六等分、八等分来配置纹样，装饰瓣多为莲瓣形，并且多为双层叠瓣，“U”形瓣已极少见，“S”形瓣不再出现了。

从唐初到玄宗时期，银器受西方影响较大，同时也渐渐开始中国化，外来因素逐渐减少和消失。高足杯、带把杯、折棱碗、五曲以上的多曲银器和器身呈凸凹变化的银器很流行。银器纹饰有忍冬纹、葡萄纹、连珠纹、宝相花纹、禽兽纹和狩猎纹。

仕女狩猎纹八瓣银杯，高 5.1 厘米，口径 9.1 厘米，足径 3.8 厘米，重 209 克，1970 年于西安市何家村出土，现藏于陕西历史博物馆。

此杯平沿，喇叭形八棱圈足，杯身一侧有中亚粟特式圆形环柄和如意云头状平

錾，环柄下端有勾尾。杯身为八瓣花形，腹下部模冲出八瓣仰莲以托杯身。造型奇特，厚重中透着俊秀。这只银杯是中西结合的产物，上面的仕女纹饰属于明显的中国特色。

肃宗到宪宗时期（756–820年），装饰手法多采用多重结构为主的六等分区法，盘类多附三足，出现仿生器形，即仿照动物的造型。已不见高足杯、带把杯和多曲长杯。如凤鸟纹六曲银盘便采用了六等分区法，高1.5厘米，口径16.3厘米，1970年于西安市何家村出土，现藏于陕西历史博物馆。

此盘窄平折沿，浅腹平底，盘呈六曲葵花状。锤击成型，纹饰涂金，并在盘心冲出振翅欲飞的凤鸟。金色的凤鸟配上银色的盘底，一黄一白互相辉映，造型可爱。

穆宗到唐末（821–907年），器形种类大增，盒、碗类器物出现高圈足，仿生器形更多了，开始流行四等分、五等分的分区手法。如鎏金鸳鸯团花纹银盆采用了四等分区法，直径46厘米，高145厘米，重6265克，1987年于扶风县法门寺地宫出土，现藏于法门寺博物馆。此盆浇铸成型，敞口，深腹，圈足。两侧配有提耳，通体錾饰花纹并涂金。盆壁自口沿至盆底竖凿四个凸棱，将整个盆壁分成四个区间，每个区间内图案相同，盆壁内外花纹如出一辙。盆底则锤打錾刻出一对嬉戏的鸳鸯和阔叶石榴组成的大团花，再衬以鱼子纹地，形成浅浮雕效果。此盆为佛诞节或佛成道日、盂兰盆会浴佛供佛之用，器型规整，制作精细，具有江南银器的典型风格。

浇铸是金属加工的一种方法，是在常压下将液态注入模具内，经聚合而固化成型，变成与模具内腔形状相同的制品。浇铸成型一般不施加压力，对设备和模具的强度要求不高，对制品尺寸限制较小，制品中内应力也低。因此，生产投资较少，可制得性能优良的大型制件，成型后进行机械加工。

鱼子纹类似釉面出现的龟裂痕，即所谓开片。器物上人为的细小而密集的类似龟裂痕的饰纹叫鱼子纹。

唐代是中国银器发展的鼎盛时期，全国有银作坊五十六处，主要产地有陕（今河南陕县）、宣（今安徽宣城）、润（今江苏镇江）、饶（今江西鄱阳）、衢

(今浙江衢县)、信(今江西上饶)等州。当时银器生产分官作与行作两种，前者属官营作坊，后者为工匠作坊。银器品种极多，有碗、盘、杯、碟、盆、盒、壶、瓶、锅、匜以及熏炉、熏球等。唐代银器设计颇为巧妙，如1970年西安南郊何家村出土的石榴花结飞鸟葡萄纹银熏球，高4.5厘米，直径4.5厘米，链长5.25厘米，现藏于陕西历史博物馆。此器钣金成型，通体镂空，上下半球体以铰链连接，铰链之相对处设有小勾，用以控制球体开合。球内有一盛香料的小盂，用套环与球体相连，方法是在其盖顶上部铆有环钮，置有长链，球体内之香盂用短轴铆接，内外环随之转动而香盂的重心始终在下，因而保持香盂处在平衡状态。不论球体如何转动，盂内香料都不会洒出。这种持平环装置，完全符合现代航空、航海技术中使用的陀螺仪原理。

唐代银器是中国银器史上的第一座高峰。银光熠熠的银器，成为唐王朝富丽堂皇、灿烂辉煌的标志之一。

(七) 宋代银器

宋代银器业很发达，银器形体比唐代小巧，又轻又薄，纹饰风格趋于写实，并出现了錾刻诗文等题材的银器。宋朝由于经济发达，银器走进了民间。虽然有相当多的银器仍为统治者专用，但在百姓的日常生活中也出现了银器。

宋代金器多为装饰品，而银器则多为生活和宗教用品。如净众院塔基镏金银塔，通高36.3厘米，底径13.2厘米，重510克，1969年于河北定州城区净众院塔基地宫出土，现藏于定州市博物馆。此塔由基座、塔身、塔顶三部分组成。又如慧光塔塔基镏金舍利瓶银龛，通高10.1厘米，1966年于浙江瑞安慧光塔塔基出土，现藏于浙江省博物馆。瓶连束腰须弥座，与龛分制。

宋代随着城市的繁荣和商品经济的发展，各地银器制作行业十分兴盛，有铭款的银器显著增多，为宋代银器的一大特点，并对元、明、清的银器制作业产生了重大的影响。

宋代银器在唐代基础上不断创新，形成了具有

鲜明时代特色的崭新风貌。虽不及唐代银器那样丰满富丽，然而却具有典雅秀美的独特风格。这种风格与宋代艺术的总体风格是一致的。宋代银器造型玲珑奇巧，新颖雅致，多姿多彩。如南宋盛食器，镏金，通高 7.1 厘米，口径 8.7 厘米，重 178 克，1981 年于江苏省溧阳平桥宋代窖藏出土，现藏于镇江市博物馆。

宋代银器的纹饰以清素淡雅为特色，洗练精纯。纹饰多以花鸟为主，并使丰富多彩的装饰纹样与变化多姿的器物造型巧妙结合，达到完美的统一。宋代纹饰的题材源于社会生活，具有很强的写实性和浓郁的生活气息。

宋代银制品多为酒器、茶具和装饰品。如镏金六瓣花式银杯，高 4.8 厘米，口径 10 厘米，重 60.9 克，现藏于镇江市博物馆。此银杯为酒器，镏金，形如栀子花。花瓣口呈六瓣，斜腹，喇叭形圈足。腹饰折枝栀子花，每瓣两朵，共十二朵。由器内锤　，故器内为阴纹，器表呈阳纹。圈足边缘錾刻几何形纹带。

宋代银器制作工艺有了新的进展，器物设计巧妙，并在工艺上有所创新，出现了浮雕凸花工艺。如镏金龙纹银簪，长 19.5 厘米，宽 2.2 厘米，重 11 克，1983 年于浙江永嘉下嵊宋代窖藏出土，现藏于永嘉县文化馆。此银簪以镂空缠枝细花衬地，边沿浅刻细珠纹，中间压印一条凸龙，龙腾空而起，直逼火珠。龙爪反卷，锐利有锋。龙的颈、腹、尾部分别錾刻一朵菊花。整个造型玲珑剔透，精美绝伦，反映了宋代银器制作工艺的高度水平。

与宋朝并立的辽、金、西夏、大理等国，其银器也有较多发现，做工和形制都不同程度地受到唐宋银器的影响，同时又具有浓厚的地方民族特色，使这一时期的银器展现出异彩纷呈的景象。如镏金花鸟镂空银冠，辽国银器，通高 30 厘米，口径 19.5 厘米，1986 年于内蒙古哲里木盟奈曼旗青龙山辽陈国公主与驸马合葬墓出土，现藏于内蒙古自治区文物考古研究所。冠顶呈圆形，两侧有立翅，上宽下窄，各向外敞。又如镏金凤纹银靴，辽国银器，高 34 厘米，底长 32 厘米，宽 4.5–8.5 厘米，1986 年于内蒙古哲里木盟奈曼旗青龙山辽陈国公主与驸马合葬墓出土，现藏于内蒙古文物考古研究所。此靴用薄银片制成，连接部分用银丝缀合，由靴筒、靴帮、靴底三部分组成。靴靿口为椭圆形，靴筒上宽下窄，外侧略呈扇形，靴头较尖，底细长，脚心微凹。靴筒、靴帮表面錾

有凤鸟及云纹，鎏金。凤鸟展翅翱翔，栩栩如生。此靴为研究契丹习俗提供了重要的实物资料。

还有鎏金摩羯银壶，辽代银器，高 34 厘米，现藏于赤峰文物工作站。银壶锤　成形，直口，颈细而直，壶盖直口折沿，从盖沿伸展出四瓣花状银片，盖面高隆，上有宝珠形钮，上接银链。肩部扁圆，壶腹先内收，至下部外展，略似束腰形。椭圆形平底，肩部有对称鸟形耳，以银环套接宽带式提梁。壶身饰摩羯，中有火焰宝珠。纹饰鎏金，鱼子纹地。该壶纹饰精细，摩羯形象完整，结构清晰，造型别致，用两条摩羯组成壶身，以鱼的自然形态形成壶体鼓肩、束腰、底外撇的器形，将造型与纹饰完美地融为一体，构思巧妙。

摩羯源于印度神话，为河水之精，长鼻利齿，头有弯角，鱼身鱼尾，是印度造型艺术中常见的异兽。摩羯在唐代银器装饰纹样中经常出现，辽国银器继承唐代风格，也接受了摩羯纹，并将其扩大到更广的领域，如壁画、版画、铜器装饰等，还用于器物造型，如摩羯形灯等。此银壶以摩羯为造型的主要成分，是辽国前期深受唐代影响的作品。

截至 1985 年，哈尔滨已发现金国墓葬多处，特别是近年来被誉为塞北马王堆的金国齐王墓出土了大量银器，引起了人们极大的震惊和关注。

银铤，金国银器，长 13.5 厘米，腰宽 6 厘米，厚 2.8 厘米，重 2016 克。通体一平，弧首束腰型，中央微凹，正面四周有纹，刻有“仲伍拾两行人李真”铭文，中有花押，但已模糊难辨，四角都有“官”字款，背部布满蜂窝状气孔。古代银铤主要出现在唐、宋、金时期，因其形状类似猪肾，俗称“猪腰银”。常见形状有圆首束腰、平首束腰和弧首束腰。元、明以后的类似银块称为银锭或元宝。

在我国古代货币史上，各朝代银锭种类繁多，形制各异，用途广泛，不仅是中国古代货币的一个重要部分，更是一座蕴含着丰富历史和文化的宝库。我国是最早使用白银作为货币的国家。在汉代以前，银锭并没有以货币形式流通，而是较多地用于财政领域，或者是对外支付。到了宋金时期，由于商业的发展和铜钱的缺乏，白银作为货币在社会金融经济领域中发挥了重大的作用。

当时在北方的金国，货币支付主要使用白银。因此，金国对用银制度影响较大。金国的银锭一般都錾刻“行人某某”的字样，“行人”是在铸造过程中对银锭的成色、重量负责的人，在以后的流通和收缴中，不必再次检验、称量。这样，既简化了手续，也促进了商业贸易的发展。金国的银锭和南宋的银锭器型基本是一致的，但金国银锭上一般都有一个花押，这是一种防伪手段，也是对这个银锭信誉的一个保证。金国银锭的花押多数是錾刻上去的，而南宋银锭的花押主要是打印上去的。

嵌松石银菊花饰，长 4 厘米，宽 2.8 厘米，重 2.7 克，1975 年于宁夏银川西夏陵区 6 号陵出土，现藏于宁夏回族自治区博物馆。此饰件为西夏帽饰，表面镏金，中间花蕊处镶嵌一颗绿松石，花心周围有连珠及卷草纹装饰。做工精细，反映了西夏银器制造已经有锻、压、镶嵌、镏金、抛光等多方面的技术。

银镶珠金翅鸟，大理银器，通高 18.5 厘米，1978 年于云南省大理市宗圣寺三塔主塔塔顶发现，现藏于云南省博物馆。金翅鸟昂首展翅，落于莲花座上。头顶装饰美丽的羽冠，尾羽展开呈火焰状。上嵌五颗水晶珠，精美异常。通体镏金，雄健有力。

宋代银器在中国银器史上具有承前启后的作用，在银器史上占有重要的地位。

（八）元代银器

元代银器在宋代的基础上，其形制、品种都有进一步的发展，并形成了比较明显的时代风格。

从总体上看，元代银器与宋代相近似。银器品种除日用器皿和饰品外，陈设品增多了，如瓶、盒、樽、奁、架等。现以团花银奁为例，此银奁通高 24.3 厘米，口径 16 厘米，1964 年于江苏省苏州市张士诚父母合葬墓出土，现藏于苏州市博物馆。此银奁呈六瓣海棠形，分三层，以子母口相合。上有盖，下附托盘，盖面饰牡丹纹。奁身有七组六面团花纹，每面錾一朵或两朵，上下单双

相间，有迎春、夏荷、秋葵、冬梅、灵芝、牡丹、芍药，均镏金。托盘錾点线蔓草纹一周。上层盛大小银柄黄棕刷、银剪刀、银刮舌、银镜各一件，内有黄绸粉扑及残存粉脂和红脂。内有带盖小银罐一件，盖下连有小勺，还有大小葵形银碟各一件。底层盛银梳、银篦、银剪刀、银脚刀各一件，银针四支，银小罐一件。梳妆用品多以双钩团花为饰，除三层底为焊接外，全用银皮锤 而成，显示了元代银器制作技术的发展水平。

又如元代银镜架，通高 32.8 厘米，宽 17.8 厘米，1996 年于江苏省苏州市张士诚父母合葬墓出土，现藏于江苏省苏州市博物馆。镜架为折合式，分前后两个支架，结构略似交机。后架上部镂雕凤凰戏牡丹纹，中心的方框内浮起六瓣花形开光，饰圆月、流云和在神草中跳跃的玉兔，制造工艺十分精巧。框沿为如意式，顶端立雕流云葵花。中部分为三组，中雕团龙，左右二组对称，如窗式，透雕牡丹，四角有柿蒂形镂空。下部为支架。

铜镜为古人用以照着梳妆的一种青铜制品，历代铜镜铸造后都经打磨抛光处理，使其光可照人。为避免光洁的镜面被磨损，古人常用布帛作镜衣把铜镜包裹后，放在专用的容器内，如竹筒、漆奁、木匣、金属奁、瓷盒和镜箱等，这是古人置放铜镜的基本方式。而大型铜镜不便经常移动，通常就斜支在镜架上。平时给铜镜穿上镜套或盖上镜袱，即软帘。这种置镜方式最早见于元代，清代依然沿用。此镜架为银制，弥足珍贵。

元代大多数银器从造型纹饰看，很讲究造型，素面者较多，有纹饰者也大多比较洗练或只于局部点缀装饰而已。如银玉壶春瓶。

银玉壶春瓶为酒器，现藏于内蒙古自治区博物馆。此瓶敞口侈沿，颈部稍长，斜肩至腹，下腹宽大，腹底急收，圈足略高。做工精细，虽素面无纹饰，却显得十分美观。此瓶具有盛酒和斟酒两重功能，是风行一时的酒器。

但是，元代某些银器也表现出一种纹饰华丽繁复的趋向，这种趋向对明以后银器风格的转变有重要影响。有的元代银器以玲珑俊俏的镂雕花纹为主，显示出精湛的装饰技巧。如江苏无锡南郊钱裕墓出土的镏金花瓣式银托盏最具特色。此银器通高 5.8 厘米，盏高 5.5 厘米，口径 8.8 厘米，

托高 1.5 厘米，径 18 厘米。此银器用银片分别锤成花形盏及托盘，花瓣上阴刻折枝花卉纹饰，器表镏金，为元代银器中的上品。这套银托盏于 1960 年 4 月出土，现藏于江苏省无锡市博物馆。

元代统治者轻视汉人，尤其是南方的文人处于社会底层，没有出路，于是有很多文人沦为手艺人，这便使元代的银器充满了文人气。其中最为著名的银匠朱碧山便是著名的文人兼金银工艺家，他制作的虾杯、蟹杯、龙槎杯等均为传世精品。朱碧山字华玉，室名长春堂，浙江嘉兴人，擅制酒器、茶具及案头陈设，所制器物多模拟水族、动植物、人物等，作品有虾杯、蟹杯、鼠啮四爪杯、灵芝杯、龙槎杯、达摩像、昭君像及金茶壶等。其中龙槎杯取材西晋张华《博物志》所载有人乘槎至天河遇织女的神话故事，构思巧妙，造型奇特，工艺精湛。此杯作老树杈状，周身饰桧柏纹理，瘿结错落，屈曲回绕，形似回首之龙。一道人坐于槎上，道冠云履，左手扶槎，右手执书作读书状。槎及人身均用白银铸成，雕刻精细。道人的头、手、云履等部分是铸成后焊上去的。槎杯上有多处题款。正面槎尾刻“龙槎”二字。杯口下刻“贮玉液而自畅，泛银汉以凌虚，杜本题”行楷十五字。槎腹部刻“百杯狂李白，一醉老刘伶，知得酒中趣，方留世上名”楷书二十字。槎尾后部刻“至正乙酉，渭塘朱碧山造于东吴长春堂中，子孙保之”楷书二十一字，图章“华玉”二篆书款（至正乙酉为 1345 年。）此杯反映了朱碧山深厚的艺术修养和精湛的制银技艺，表现了元代银器工艺的高超技术水平与艺术水平。

（九）明代银器

明代银器制作日趋精细，除帝王用品外，民间用品也增多了。

元代银器生动古朴，如蟠桃银杯，1982 年 12 月于湖南省通道县瓜地村出土，现藏于湖南省怀化地区文物工作队。此杯为饮酒器，口径 7.6–7.7 厘米。蟠桃为传说中的仙桃，吃了可长生不老。历代多以蟠桃寓意长寿，成为绘画题材中常见的吉祥图案。此说在明清时期颇为流行，在出土或传世文物中有不少

桃形酒器。蟠桃银杯形状与桃形紫砂杯相似，以枝叶衬托桃杯，结合巧妙自然，既美观又实用，为不可多得的艺术珍品。又如云鹤纹银杯，模仿青铜器，古色古香。虽有纹饰，但朴素无华。

明代处于中国封建社会的后期，其银器制作渐改唐宋以来或丰满富丽、生机勃勃、或清秀典雅、意趣恬淡的风格，而渐趋华丽浓艳，宫廷气息越来越浓了。如银鼎，1982 年 12 月于湖南省通道县瓜地村南明窖藏出土，现藏于湖南省怀化地区文物工作队。此鼎通高 9.4 厘米，口宽 5.8 厘米，腹深 4.5 厘米，流至尾长 10.3 厘米。造型仿青铜器，方唇，平沿，直口，浅腹，圆底，口沿有两个对称拱形耳，耳下腹侧各有一道锯齿形出脊，地有三夔形扁足，腹外壁錾刻云鹤纹。

明代银器上开始镶嵌珍珠、翡翠等宝石，更显高贵华丽。如镶宝石步摇大银钗，长 22.5 厘米，上面镶嵌绿松石、红宝石，图案为“三凤朝龙”，寓意吉祥。在明代银器纹饰中，龙凤形象或图案占有极为重要的位置。

与宋元相比，明代银器素面者渐少，大多纹饰结构趋向繁密，花纹通常布满器物周身。除细线錾刻外，也有不少浮雕类装饰，对清代的银器有着不可忽略的影响。

如银镏金浮雕兽纹壶杯。壶和杯的身上都浮雕花鸟，壶钮为一蹲兽，前爪踩一球。

又如镏金银盘，高 1 厘米，长 17.1 厘米，宽 13.4 厘米，1958 年 7 月于北京市定陵出土，现藏于北京市定陵博物馆。此盘为四出椭圆形，方唇，折沿，侈口，浅腹，平底。盘沿刻一周三角折线纹，内底刻一对麒麟衔缠枝纹。

明代银器既继承了前代的古朴之风，又开创了清代银器的富贵浓艳之气。

（十）清代银器

清代银器品种很多，工艺多样，具有鲜明的时代特色。

清代银器有首饰、胸针、头饰、服饰、

餐具、茶具、酒具、烟具、文具、灯具、罐、盒、盘、瓶、壁饰、摆件等。银器工艺有铸、锻、刻、镂、焊、编织、堆垒、镶嵌等。花丝以北京、四川成都为最著名，其中四川成都的银丝制品不用模具，全凭艺人用手将细如发的银丝运用填丝、垒丝、穿丝、搓丝等工艺制作出各种造型的器物，花色品种多达四百多个。上海和天津的银器是将熔化的银料碾轧成片后，用手工锤制成型，再将接缝及附件如碗底、杯把、壶嘴等焊接，然后通过錾刻、镂空、堆焊、镶嵌、垒丝等工艺，在器物表面加工出各种装饰纹样，最后进行打光或镀银；也有以素亮为主，只打光不加纹饰的。藏族和蒙古族使用银器较多。藏族的银器主要包括餐具、酒具、盘、盆、罐、酥油灯、净水壶、护身符、银塔、银帽等。蒙古族的银器主要有洗手壶、奶壶、碗、筷、罐等。

银首饰是许多少数民族妇女喜爱的饰品。

清宫有大量的银餐具和银炊具。康熙六十一年（1722 年），广东向清廷贡奉的银器有茶壶、烛剪、墨汁罐、匣、文具、耳挖等。道光年间（1821–1850 年），御膳房的金银用具多达三千余件。

清代银器工艺登上了银器史上的新高峰，皇家生活、祭祀、佛事、庆典、陈设等多用银器，如清雍正银提梁壶，通高 10.2 厘米，口径 3.2 厘米，壶扁圆形，鼓腹，平底，圆形盖，小短流。口上有弓身螭形小提梁，盖与口间有按钮相连，压下按钮才能开启。壶通体光素，洁净光亮，壶底正中竖刻篆书“大清雍正年制”六字款，款左侧竖刻篆体“矿银成造”四字铭文。造型小巧玲珑，螭形提梁形象生动，做工精湛。壶盖开关设计巧妙，不知者不能将盖打开。整个壶面虽无纹饰，但别具一格，是雍正一朝银器的成功作品。螭是传说中的无角龙，为龙九子之一，好勇。古代建筑或工艺品上常用它作装饰，檐翘起的部分都有它，称螭吻。

清代民间日常生活也离不开银器。这一时期民间银器制造业得到了空前的发展，银庄、银店、银楼、银铺遍地开花，或制造或买卖，一派兴旺景象。如洛阳大街上就有老凤祥、老天宝、德盛楼等多家金银首饰店，生意兴隆，常年不衰。民间多用银器，如银杯，用银杯盛牛奶，因含有微量的银离子，有抗菌

保健作用，经常饮用，对消化道有益。

清代银器制作吸收了历代流传下来的优秀工艺，包括铸、锤、镂、掐、錾、嵌、焊、镀、镏等，抽拉出的银丝细如毛发，并创造了“平填”等精细加工工艺。清代银器融汇了民间、宫廷、少数民族及西方的制作工艺，从而使中国银器制作水平达到一个新的高度。

如银铸兽面门环，出自圆明园，现藏于中国历史博物馆。这对银环是清朝乾隆年间皇家造办处为圆明园特制的，环两侧各刻“乾隆造办处庚午年制”和“长春园玉玲珑馆陶嘉书屋”铭文。此环仿西周铜环制成，工艺精湛。

清代银器保留下来的极多，大部分为传世珍品。从风格上看，清代银器既有传统风格的继承，也有其他艺术、宗教及外来文化的影响。在继承和吸收古今中外文化营养的基础上，清代银器工艺获得了空前的发展。器物上多装饰精致的图案，用以表现吉祥寓意。如银寿字火锅，出自故宫，现藏于故宫博物院。此火锅高 30 厘米，直径 32 厘米，由锅、盖、烟囱、闭火盖组成，锅内带炉，可用于烧碳。火锅的闭火盖上雕有镂空卐字纹，锅体满布金银圆“寿”字、长“寿”字、蝙蝠纹等，寓福寿万年之意。此锅用料讲究，做工精细，造型完美，为清代晚期慈禧太后经常使用的火锅。

随着工艺的发展，银器上的题材也越来越丰富，装饰图案也越来越复杂，出现了花鸟鱼虫、人物故事等。

清代银器是在中国丰富多彩的文化土壤上产生并发展起来的，它从其他文化艺术领域中汲取营养，并形成了自己独特的风格。

清代银器的器型和纹饰变化很大，追求富丽华贵，绚丽多彩。器型多样化，纹饰繁密瑰丽，富丽堂皇，再加上加工精致的各色宝石的点缀搭配，整件器物更为色彩缤纷、金碧辉煌。清代银器的加工特点可用精、细二字概括。在器物的造型、纹饰、色彩调配上，均达到了炉火纯青的程度。

如银嵌珊瑚头饰，清代银器，为武官头盔。

盔形为中空的半球体，全部用累丝法编结成各种绳结纹、涡旋纹镶嵌在银片中，左右两边有护耳，用银丝穿插在头盔底圈的圆环上。护耳纹样与头部

一致，后面有一垂饰，为护颈。头部四周及护耳均镶有多颗橙红色圆形或叶形珊瑚，做工精巧细腻，十分名贵。

清代的复合工艺也极发达。银器与珠玉、宝石、珐琅等结合，增添了器物的高贵与华美。

乾隆时期的银器，其制作工艺有范铸、锤、焊接、点翠等，并综合了突起、镂空等各种手法，还出现了在金银器上点烧透明珐琅、以金丝填烧珐琅的新工艺。如银镏金嵌珐琅砚盒，盖面錾缠枝花卉，中间嵌一银片，以烧兰珐琅做出云龙戏珠纹饰，使整个砚盒显得富丽堂皇，代表了乾隆时期银器制造工艺的最高水平。砚盒长 27.2 厘米，宽 22.1 厘米，高 22.5 厘米。长方形，有盖，下有如意式小足八个，底部中央錾篆书“大清乾隆年制”六字款。此砚盒做工极精，盒中置一长方形银屉，屉上有两个方砚池。盒外壁内连一半圆形抽屉，可存放墨锭。

清代传世珍品中，有不少少数民族的银器，反映了当时少数民族的传统风俗与爱好，具有明显的地方色彩和浓郁的民族风格。如银累丝花瓶，清宫旧藏，现藏于故宫博物院。此瓶为银累丝花瓶，口径 10.5 厘米，底径 9.8 厘米，高 17.1 厘米。侈口，大肚，台足。用三种粗细不等的银丝累成：以甚粗的银方丝焊结为胎，用较粗的银圆丝累卷草图案，用细圆丝在轮廓外累卷须。口、胴呈十二棱形，每棱均为弧面，两棱相结处下陷，成三角沟状，与通常瓜棱式菊瓣处理手法有别。累丝卷草纹也与清皇家工艺品迥然不同。此瓶通身累丝灵透，为清代回部工匠所制，代表了清代新疆少数民族银累丝工艺的水平及其地方风格。

在银器史上，清代银器是中国古代继盛唐之后的第二座高峰。

四、古代著名银器

银在自然界多以硫化银存在，不易提炼，其使用历史较金为晚。以银制器，始于春秋战国时期，所见实物有河南洛阳金村出土的战国晚期“甘孝子杯”，银质，椭圆形，两旁各有一耳，外表镏金，有铭文“甘孝子”三字。

银卧鹿，战国银器，通高 8.5 厘米，长 10 厘米，1957 年于陕西省神木县纳林高兔村出土，现藏于神木县文化馆。共五件，三雌二雄，此为雄鹿之一。雄鹿昂首前视，两耳竖立，四肢屈曲作卧伏状。头部双角弯曲向后倾斜，分为五叉。长蹄尖出，状如柳叶。此鹿姿态雄健，形象鲜明，为匈奴银雕工艺之精品。

秦右游银盒，通高 12.1 厘米，腹径 14.8 厘米，重 572.6 克。此盒子母扣，圆底，矮圈足外撇，盖的形制与器体的形制基本相同。盖上有三个小钮。盖沿和器沿均饰麦穗纹，盖上和器腹饰正反相错的浮雕状水滴纹。秦居关中，八百里秦川盛产麦子，故以麦穗为纹饰。秦占水德，以水为贵，故又以水滴为纹饰。盖上刻有铭文三处，共 20 字。圈足刻有铭文两处，字数已不可详辨。铭文释文为“口，一斤四两，右游，私官口，三斗大半”。

汉代称银为白金，除用作器物装饰外，也有好多银器，有碗、碟、盆以及银印等。如银盆，口径 26.6 厘米，现藏于获鹿县文物保管所。

此银盆通体无纹，折沿，直壁，盆腹下部内折成平底。此银盆简洁大方，毫无赘饰，光可鉴人。盆口折沿稍稍向上倾斜，便于端取。腹壁完全垂直，直到底部才以两个层次向内收缩，造成优美的体面与线条变化，优雅脱俗，养人眼目，冰清玉洁，令人眼前为之一亮。

银鋗，汉代银器，高 19.5 厘米，直径 45.7 厘米，1994−1995 年狮子山汉墓出土。银鋗平折沿，短直颈，两侧各有一环形耳，鼓腹平底。腹上阴刻“宦眷尚浴沐鋗容一石一斗八升重廿一斤十两十朱第一御”。出土时，内盛有搓澡用的圆形搓石数个，漆

木奁盒一件，漆笥一件。漆木奁已残朽，内有化妆用品。漆笥内装有植物的茎叶，还叠放一件浴巾。植物的茎叶是药浴所用的保健药材。

金银丝结条银笼子，唐代银器，通高 15 厘米，厚 0.2 厘米，长 20 厘米，重 355 克，1987 年于扶风县法门寺地宫出土，现藏于法门寺博物馆。

此笼是装茶叶的器皿，状如鸟笼。笼子由上盖、提梁、笼体和足四部分组成，全用金银丝编织而成。丝径极细，纹样呈长六角形透空，孔眼似蜂房状。提梁用素银丝结为复层，系结于器身两端。盖体稍为隆起，盖与盖沿的交棱线为金丝盘旋成的连珠。盖中心为金银丝编成的浮屠状装饰物。器足由镏金银丝盘旋成三个旋圈套，状似兽爪，足上部有兽面装饰。此笼出土于法门寺地宫后室，是唐懿宗赐给法门寺的整套茶具中的一件，为晚唐宫廷茶具。

双环耳银锅，唐代银器，高 13 厘米，口径 28.2 厘米，1970 年于西安市何家村出土，现藏于陕西历史博物馆。

此银锅平底侈口，腹部向外鼓出一圈圆台。锅唇部焊有与锅口平行的双耳，双耳上立有环状把手。通体素面无纹，锅体为锤击成型。

镏金三钴杵纹阏伽瓶，唐代银器，高 20.5 厘米，腹径 14 厘米，1987 年于扶风县法门寺地宫出土，现藏于法门寺博物馆。

阏伽瓶是坛场作法的阏伽法器之一，也称功德瓶。内盛净水，主要用于供诸尊洗涤烦恼陈垢，也可用来盛装供奉诸尊的其他宝物或插放花果枝条等。

此瓶颈饰如意云头纹，腹饰四个莲瓣纹圈成的四曲圆图。内饰十字三钴金刚杵纹，圆图之间以两周弦纹相接，腹下部饰一周八瓣仰莲。仰莲间立有三钴金刚杵。圈足呈喇叭形，上部一周半饰圆形凸棱，棱上饰柿蒂状双环纹，棱下为一周覆莲瓣，莲瓣间以倒竖的三钴金刚杵为饰。

佛学在修法上常用金刚杵。金刚杵分独钴金刚杵、三钴金刚杵、五钴金刚杵、七钴金刚杵、九钴金刚杵等五种，比喻人的修行程度。三钴金刚杵表喻三界真空：内空、性空、心空，也就是一切清净，空无挂碍。

镏金带钏面三钴杵纹银臂钏，唐代银器，钏面直径 4.6 厘米，钏面（戳高）

2.8厘米，总重216.5克，1987年于扶风县法门寺地宫出土，现藏于法门寺博物馆。

此器铸造成型，经钣金、焊接制成。纹饰鎏金，以鱼子纹衬地。钏体作双弧状，椭圆形钏面，钏面凸出于环外呈圆戳状，外缘绕一周莲瓣，后缘饰一周流云纹，仰莲流云纹底上饰四出十字形三钴杵纹，也称羯磨金刚杵纹，十字交叉的中心部分凸成圆铸珠状。

鎏金四天王盝顶银宝函，唐代银器，高23.1厘米，重299克，1987年于扶风县法门寺地宫出土，现藏于法门寺博物馆。

此函正方形，盝顶，函体和函盖以铰链相连。盖面錾两只飞龙，张牙舞爪，栩栩如生，飞龙间有一火焰珠。四侧斜刹各錾双狮戏珠纹，底衬卷草。立面边栏则各饰两只人身阔尾形迦陵频伽鸟，一作双手合掌，一为双手捧莲。侍从除天龙部众外，还有唐代冠服的人物形象，说明密宗不仅为统治者所虔诚信奉，更与世俗文化紧密结合在一起。

盝顶为中国古代建筑的一种屋顶样式，顶部有四个正脊围成为平顶，下接庑殿顶。盝顶在金、元时期比较常用，元大都中很多房屋都为盝顶，明、清两代也有很多盝顶建筑。例如明代故宫的钦安殿、清代瀛台的翔鸾阁都是盝顶。

迦陵频伽为佛教中一种鸟神，传说生于雪山，在蛋壳中即能鸣叫，其音和雅，听者无厌，故名妙音鸟。

鎏金如来说法盝顶银宝函，唐代银器，高16.2厘米，边长14.8厘米，重1660克，1987年于扶风县法门寺地宫出土，现藏于法门寺博物馆。

此宝函为银质，钣金成型，通体錾饰花纹并涂金。函体正方形，盝顶，函体和函盖以铰链相连，前置锁钥，顶盖可以启合。盖面中心錾一枚宝轮，宝轮四侧的莲花上各有一只迦陵频伽鸟，或双手合十，或双手捧莲。四角隅各立一枚三钴金刚铃，周边衬饰卷草，斜刹各錾两只凤鸟，立沿各饰两体飞天。宝轮喻示佛之轮圆俱足，也为释尊八相之初转法轮，即在鹿野苑向一起修行过的五比丘开始说法。函体四面皆錾有密教造像，学术价值远远超过艺术价值。

“敬晦进”折枝团花纹银碟，唐代银器，高3厘米，口径17厘米，底径11厘米，1958年于耀县柳林背阴村出土，现藏于陕西历史博物馆。

此碟银质，呈五曲莲瓣形，浅腹圈足，装饰面采用唐代晚期金银器流行的五等分法。盘心有一朵由四朵小簇花组成的团花，花心有一凤鸟，使团花显得丰满并具有立体感。内腹壁采用散点装饰法錾刻五簇小宝相花，花纹明朗。口沿饰仰莲瓣纹一周，外底刻方格纹并錾有“盐铁使臣敬晦进十二”九字。

鎏金卧龟莲花纹银香炉，唐代银器，香炉高29.5厘米，炉台高10.8厘米，1987年于扶风法门寺地宫出土，现藏于法门寺博物馆。

香炉由炉盖、炉身组成，花纹涂金，炉盖呈覆钵形，盖沿宽平下折，恰与炉身口沿相扣合，沿面錾饰背分式忍冬纹并勒刻“一字号”三字。盖面高隆，底缘錾一周莲瓣，肩部分錾五朵莲花，莲花上各卧一龟，龟首反侧，口衔灵草，莲花间以花蔓缠绕。盖钮为火焰宝珠，以两重莲瓣承托，莲瓣凿空，可使香气外溢。

鎏金春秋人物三足银罐，唐代银器，高5.8厘米，口径3.2厘米，腹围20厘米，1958年春于陕西耀县柳林背阴村出土，现藏于陕西历史博物馆。

此罐腹圆而鼓，分三曲。腹部纹饰分为上下两层：下层排列忍冬花纹图案，上层錾刻春秋人物画，衬以流云萱草，并有“子路”“论语：灵公问政”“少正卯”等题字。

鎏金镂空飞鸿球路纹银笼子，唐代银器，通高17.8厘米，腹深10.2厘米，重654克，1987年于扶风县法门寺地宫出土，现藏于法门寺博物馆。

此器系模冲成型，通体镂空，纹饰鎏金，状如鸟笼。盖为穹顶，口沿下折，顶面錾饰十五只飞鸿，口沿上缘錾饰一周莲瓣纹，下缘饰一周上下错列的破式团花纹，鱼子纹地。两侧口沿下铆有环耳，套住提梁。提梁截面呈扁六棱形，上接银链，银链的另一端与盖顶相连。笼体口沿处也饰一周破式团花纹，腹壁錾三周二十只飞鸿，均两两相对。通体镂空处作球路纹。这种图案在唐代基本定型，后流行于宋代。

鎏金捧真身菩萨，唐代银器，通高 38.5 厘米，1987 年于扶风县法门寺地宫出土，现藏于法门寺博物馆。

此器为银质，分菩萨和莲座两部分。菩萨浇铸成型，高髻，头戴宝冠，面颊丰腴，仪态万千。菩萨手捧金匾，金匾为长方形，用银片模压而成，正面满涂金色，边沿饰一周宝相花。匾文竖行，共六十字："奉为睿文英武明德至仁大圣广孝皇帝敬造捧真身菩萨永为供养伏愿圣寿万春圣枝万叶八方来服四海无波咸通十二年辛卯十一月十四日皇帝诞庆日记。"

宝相花，我国传统装饰纹样之一，盛行于隋唐时期，是一种寓有宝、仙之意的装饰图案。一般以牡丹、莲花为主体，中间镶嵌着形状不同、大小粗细有别的其他花叶。尤其在花芯和花瓣基部用圆珠作规则排列，像闪闪发光的宝珠，加以多层次退晕色，显得富丽珍贵。古代，我国纹饰主要是以动物和几何图形的纹饰为主。从魏晋南北朝开始，在佛教装饰艺术的影响下，植物花卉题材的纹饰渗透到了包括陶瓷装饰、建筑装饰和金属器皿装饰等几乎所有的艺术领域。佛教将莲花视为圣洁、吉祥的象征。自南北朝开始，莲花纹饰便被大量运用于装饰艺术之中了。

鎏金翼兽纹六曲银盘，唐代银器，高 1.4 厘米，口径 15.3 厘米，1970 年于西安市何家村出土，现藏于陕西历史博物馆。此盘银质，六曲葵花形，折沿，浅腹平底。盘心处贴焊一只振翅扬尾的双足独角异兽，尾、翼等处还用阴线錾刻出细部，显得细腻生动。银盘经抛光处理，呈灰白色，光亮如新，中心部位的纹饰经鎏金处理后，金光灿灿，充满神异色彩。

六瓣凸花银盘，唐代银器，高 1 厘米，口径 15.5 厘米，1972 年于西安市南郊曲江池村出土，现藏于西安市文物管理委员会。

此盘宽沿平底六瓣形，锤击成型，模冲花纹。盘心有一朵五瓣形团花，外绕一株阔叶折枝花，纹饰涂金。下有三足，已经遗失。

唐代的花鸟绘画已有相当发展，花鸟题材在工艺装饰中占有重要位置，使这一类的工艺制品无论是在质量上，还是在数量上都有较大的发展。

舞马衔杯纹银壶，唐代银器，通

高 18.5 厘米，口径 2.3 厘米，底足径 7.2–8.9 厘米，重 547 克，1970 年于西安市何家村出土，现藏于陕西历史博物馆。

银壶采用我国北方游牧民族皮囊形状，便于外出骑猎携带，使里面的液体不易洒出，又便于日常生活使用，安全卫生，设计科学。银壶在装饰上采用点装手法，在壶的两面分别有一匹奋首鼓尾、衔杯前拜的舞马作为主题纹饰，表现了唐代宫廷舞马衔杯祝寿的生动情景。

慧光塔塔基镏金玲珑银塔，北宋银器，1966 年于浙江瑞安慧光塔塔基出土，现藏于浙江省博物馆。此塔通高 34.8 厘米，塔身四面七层，全用薄银片制成，通体镏金。下有须弥座，腰间镂刻壶门佛像，座面四周围以勾栏，一面镌刻二十六字题记，另三面雕武士像，塔南面辟门，从第二层起每层均开四个壶门，中间各有一尊坐像。顶冠塔刹，由仰莲、相轮、宝珠等组成，用链条与最上层的四角相连。每层四角悬挂象征性风铎，塔体轻盈挺秀，雕刻精致玲珑，是南方首次发现的宋代银制珍品。

翘头小脚银鞋，南宋银器，全长 14 厘米，宽 4.5 厘米，高 6.7 厘米，出土于浙江衢州南宋墓中。

此鞋面与底均以银片焊接而成，鞋头高翘，鞋底尖锐。

宋代金银器纹样以秀丽脱俗为特色，与唐代饱满富丽的风格有着显著的差异。如镏金银执壶，南宋银器，高 23.4 厘米，现藏于福建博物馆。此壶侈口，鼓腹，喇叭形圈足，腹部一侧焊接管状流，另一侧为宽带式柄。壶盖直口折沿，与壶口扣合，盖面有圆圈状隆起，中部为柱形钮。壶身满饰双鸟组成的小团窠，盖沿饰二方连续三角纹，圈足外侧饰波浪形缠枝花卉纹，纹饰錾刻镏金。

此壶造型挺拔秀丽，壶嘴及柄较弯，更添柔美，纹饰题材新颖，布局疏密有致，展示了宋代工艺美术的特色和魅力。

宋代镏金银器多通体镏金，仅在纹样部分镏金的器物较少。此壶采用唐代金花银器的装饰方法，实不多见。

花瓣式银碗及长流壶，辽国银器，口径 11–48 厘米；足径 26–26.5 厘米。碗作花瓣状，敞口斜壁，轻盈小巧，为银片锤制。壶高颈，圆腹，圈足，通身

錾刻精美纹饰。特别是大弧度的曲形执柄及又弯又长的流，清新流畅，无比精美。

鎏金银鸡冠壶，辽国银器，盛水器，高 26 厘米，底长 21 厘米，宽 16 厘米，1979 年于内蒙古赤峰洞后村窑藏出土，现藏于内蒙古自治区赤峰市文物工作站。壶把为鸡冠形状，壶盖与壶身以银链相连，盖面錾刻对称的四瓣花纹，外沿錾刻八个四瓣花朵。壶颈较高，四周錾有牡丹纹。壶身鼓起，两面均在菱形图案中錾刻一只花鹿，鹿前后各錾刻山石、灵芝、海水，有如仙境。壶身前面成三角形，三条边做成仿皮绳纹装饰。契丹银器制作工艺受唐朝影响较大，但器形和装饰花纹保留了本民族风格。此壶是辽国银器中之精品。

镀金团花银圆盒，元代银器，高 8.9 厘米，腹径 24.8 厘米，足径 17.5 厘米，1959 年 1 月于江苏吴县吕师孟墓出土，现藏于南京博物院。通体鎏金，饱满厚实。

银渣斗，元代银器，通高 10.3 厘米，盘径 18 厘米，腹径 9 厘米，底径 5 厘米，1960 年 4 月于江苏省无锡市南郊钱裕墓出土，现藏于江苏省无锡市博物馆。此渣斗圆唇，浅腹，束颈，小平底，口部成平底圆盘形，外底压印“陈铺造口”四字。渣斗又名唾壶，用于盛装唾物。也可置于餐桌，用于盛肉骨鱼刺等食物渣滓，小型者也用于盛茶渣。

六角錾花错金银錾壶，明代银器，通高 23.5 厘米，最大腹径 10.5 厘米，口径 5 厘米，底径 7.5 厘米，1977 年 10 月于北京市海淀区八里庄李伟夫妻合葬墓出土，现藏于首都博物馆。

此壶截面为六角形，每面刻有精细的花卉纹、飞鸟纹和叠石纹，壶颈有一周卍字纹，壶盖刻一组如意云纹，壶的圈足、把手及流上刻以繁密的缠枝纹和三角纹。纹饰部分错金。

吉祥纹银酥油灯，明代银器，高 23 厘米，底径 11 厘米，口径 15.2 厘米，1960 年于四川甘孜藏族自治州征集，现藏于四川省博物馆。

此壶敞口，边外卷，深腹，腹部满刻串枝牡丹、八吉祥图案。灯茎上下细中间鼓，四周各有一开光，开光内均镂刻吉祥图案。灯座上段锤鍱变体仰覆莲瓣纹一周，中部内收，下部舒展上翘，下段呈喇叭形，边沿饰海水纹。此壶为藏族宗教用具，器形敦厚，纹饰融进了汉族特色。

五十两银锭，明成祖永乐六年（1408年）银作局制，为带有年号的明代银作局银锭。银作局是明代专为宫廷制造金银器饰的作坊。目前已知存世的银作局银锭仅四件，其中两件带年号。此为带有年号的银锭之一，上刻铭文为“银作局永乐陆年十一月内销铸花银五十两重作头顾阿福匠人仇士平陆字一千陆百七十号”。铭文详细，制作规范，保存完好，白光闪闪，弥足珍贵。

银爵，明代银器，高 9.4 厘米，口长 10.3 厘米，宽 5.8 厘米，腹深 4.5 厘米，湖南通道县瓜地村南明窑藏出土，现藏于湖南省怀化地区文物工作队。

此爵敞口，直腹，圆底，单鋬双柱，三兽形足，流短而宽，尾部较长。腹部在雷纹地上錾饰花卉、飞鸟等纹样。形制古朴，轻灵秀丽，体现了皇家用器与一般官僚所用器物的不同风格。

银温酒器，通高 8.8 厘米，口径 6.5 厘米，清宫旧藏。

此器似今酒精炉之结构，整器由支架和盖杯两部分组成。架为三足托一圆盘，用于盛放酒精等液体燃料。支架上置圆盆形盖杯，杯内可盛酒，加热后饮用。此温酒器做工精巧，造型新颖别致，为清代中晚期银器著名作品。

银累丝双龙戏珠纹葵瓣式盒，清代银器，高 6.3 厘米，口径 14 厘米。

盒为葵瓣式，圈足。盒体以细银丝累出缠枝花纹为地，其上用粗银丝掐成纹饰。盒盖中心圆形开光内饰双龙戏珠图案，其外八个云头式小开光内饰八宝纹，盖边八个开光内饰花卉纹。

清代银器制造工艺在元、明两代的基础上有了突飞猛进的发展，至乾隆时期达到顶峰。银器使用范围进一步扩大，器型增多，图案也有了很大的变化。此盒累丝细腻，纹饰清晰，图案精美，制作精工，反映了清代花丝镶嵌工艺的艺术风格和技术水平。

开光为装饰方法之一。为了使器物上装饰变化多样，或突出某一形象，往往在器物的某一位置留出某一形状（如扇形、菱形、心形等）的空间，然后在

该空间里装饰花纹，称为“开光”。

银錾花梅花式杯，高 3.3 厘米，口径 5.5 厘米，足径 2.7 厘米，清宫旧藏。

杯口呈五瓣梅花状，足为梅花形。杯身五个开光内各錾刻凸花为饰，杯柄镂雕花及花叶。

清代银器加工在继承前代工艺的基础上继续发展，技术更加精湛，尤其是康熙和乾隆两朝，银器錾刻工艺更具华贵富丽的风格，装饰效果极强。此杯造型精巧，雕琢细腻，反映出清代银器加工制作的工艺水平和风格特点。

银经匣，长 30 厘米，宽 11 厘米，高 13 厘米，现藏于北京故宫博物院。

此匣为拱形，两侧附有活动长方形耳，顶部中段为一匣盖。通体錾刻纹饰，正面为佛经故事，顶部饰云龙纹，背面錾刻缠枝八宝，侧面为缠枝莲花纹。此匣造型简洁，以微拱的弧度弥补了长方体呆板之病，使经匣无论从任何角度欣赏都富于变化。此匣纹饰全部錾刻而成，纯净明快，在清代银器工艺品中实不多见。匣盖内贴有标签，上有墨书满汉文字，内容相同，汉文为“乾隆二十年十二月二十五日达尔当阿奏进追赶阿穆尔萨那所获银经匣一个”，据此可知，此匣为乾隆年间平定准噶尔叛乱时缴获的战利品。此匣为厄鲁特蒙古工匠的作品，反映了清代蒙古族银器的工艺水平。

五、银器的保养

古代的银器传到今天，可谓来之不易，我们要珍惜它，保养好它。

家中的银器也要保养好，有的已经都传了好多辈，甚至传了几百年。

银极容易吸收水银，使表面遭到严重破坏，完全失去光泽，形成银汞齐，又称汞银。在潮湿的空气中，银容易被硫的蒸气及硫化氢腐蚀，致使表面变黑。化妆品不仅含汞，而且含硫，能使白银生成黑色的硫化银；空气中有时也含有硫。因此，银器要远离化妆品和含硫的空气，使用体温计时也要多加小心。

臭氧也能使白银变黑，因此日常生活中使用的负离子发生器、消毒柜都不宜放置银器。

自来水净化后常含有漂白粉或氯气，对白银有严重的侵蚀作用，会产生氯化银，使白银失去光泽。因此，不宜佩戴银器入浴。

洗衣粉中含有漂白剂，漂白剂含氯，对白银有一定的腐蚀作用。因此，银器要远离洗衣粉。

白银溶于盐酸、硝酸，因此银器要远离盐酸和硝酸。

如果不慎使银器受到损坏而变黑，可选用下面一些方法：

用可乐浸泡银器，浸泡时间需 12 小时。

用醋酸擦洗银器。

用隔夜茶浸泡银器。

用洗银水浸泡银器一至两分钟。

用涂改液涂在银器上，在涂改液未干前用布擦拭银器。

用牙膏和牙刷擦洗银器。

用打火机烧黑银器，然后再用擦银布把银器擦亮。但要注意，此法只限于素银，包金和镶嵌的银器不能用此法。不可用火柴烧银器，因为火柴含有硫磺，

能使银变为硫化银。素银是没有外镀白金的 925 银，在空气中比较容易氧化。925 银是含银 92.5%的银，在国际标准上被公认为纯银标准。100%的银较软，制作时不能成型，不便做成银器，而且容易氧化。

素银的银器经常发黑，清理起来十分麻烦。可在清理银器前准备一瓶透明的指甲油，涂在清理好的银器上，能保持银器一年内不变黑。

银器在牛奶里浸泡一夜后，可以恢复明亮。

直接用擦银布擦拭银器，能够一擦如新。可随时随地擦拭，方便快捷。擦拭后能使银器产生保护层，不会变黑变暗。擦银布不能沾水，可反复使用。

古代玉器

民间相传玉能发出一种特殊的光，这种光在白天不易看到，到了夜晚却可以照亮方园数尺的范围。这种光是妖魔鬼怪最怕见到的，因此百姓喜欢佩戴玉器以保平安。

现代科学研究表明：玉含有对人体有益的元素，经常佩戴和使用玉器，对人有多种好处，能起到防病和治病的效果。

玉是贵重的，经过巧匠雕琢成玉器后，更是价值连城了。玉器随着时代的发展，逐渐形成了璀璨的玉文化。

一、说 玉

玉来自地下几十千米深处的高温岩浆。

这些高温岩浆从地下沿着裂缝涌到地球表面，冷却后形成坚硬的石头。在这一过程中，只有某些元素缓慢地结晶，才能形成坚硬的玉或宝石。它们形成的过程，离我们既漫长又遥远。

玉和宝石属于两个完全不同的范畴：

宝石取材于天然单晶体矿物，即一粒宝石通常是取自一个单独晶体。这种晶体用我们的肉眼就可以看见，因此又称显晶质矿物。宝石通常是透明的，光线进入切割后的宝石内部，经过一系列的反射和折射，我们可以看到宝石的光彩，如红宝石、蓝宝石、祖母绿等。宝石也有少数是天然单矿物集合体，如欧泊、青金石；还有一些有机质，如琥珀、珍珠、珊瑚、象牙被称作生物宝石，也包括在广义的宝石之内。

玉则是另一个概念，它是由无数细小的肉眼无法看到的晶体组成，只有在高倍电子显微镜下才能看清它的结构，因此人们把玉称作隐晶质矿物。广义来说，这些微小晶体的集合体都可以称作玉。因为晶体之间总是有缝隙的，所以加工时抛光再好也不可能达到宝石表面的光洁程度。光线在玉石表面形成的轨迹如同阳光洒在有波浪的湖面上，这种效应称作漫反射。因此，我们通常看到的玉的表面有水润或油润的质感。因为光线很难深入玉石内部，所以我们通常感觉玉是半透明的。当然也有例外，顶级的翡翠是近乎透明的。

玉有软玉、硬玉之分：软玉一般指产于我国新疆一带的白玉、青玉、碧玉与辽宁省岫岩县的岫玉等，硬玉是指产于缅甸的翡翠。无论是软玉、硬玉，它们的质地都非常坚硬，色泽光润，因此有“石中之王”的美誉。

中国有四大名玉：新疆的和田玉、辽宁省岫岩县的岫玉、河南省南阳市的独山玉、湖北省郧县等地的绿松石。

佩戴玉器有很多好处。佩戴玉器既能起到装

饰作用，又能促进身心健康，祛病延年。

早在两千多年前，我们的祖先就将玉用于医疗保健了。据统计，有 106 种玉可用于内服或外敷。《本草纲目》金石部第八卷说玉有“除胃中热喘急烦懑、滋毛发、滋养五脏、柔筋强骨、止渴、润心肺、助声喉、安魂魄、利血脉、明耳目”等疗效。还说：“久服耐寒暑，不饥饿，不老，成仙。”因此，古人常吃玉，称为“玉食”。

根据中医“头凉足温”的理论，玉枕对治疗高血压、神经性头痛、脑血管病有疗效。

玉有镇静、安神、驻颜等功效，用玉棍在面部搓、擦、挤、按摩，可以镇静面部神经，收缩面部毛孔，促进面部血液循环，效果极好。

原来，玉具有特殊的光电效应，在略施压力、切削以及在加工打磨的过程中会使这种效应形成一个电磁场，并放射出一种能被人体吸收的远红外线波，进而诱发人体内细胞水分子的强烈共振，使之起到轻微按摩作用，改善微循环系统，从而使人体血液循环加快，新陈代谢提升，活化细胞组织，调节经络气血运转，增强快速反应，提高人体免疫功能。因此中医说：“有的病吃药不能医好，而经常佩戴玉器却能治好。”

另外，佩戴玉器的人有一种愉悦心情。正如专家所说，一个好的心态有时也是治病的关键。

最近研究成果表明，玉含有人体所需的硒、锌、镍、钴、锰、镁、钙等三十多种微量元素。这些元素散发的启动波和人体细胞的启动波属于同一种波动状态，人体细胞能随着从玉散发出的波产生共振，使人体细胞组织更具活力，并促进血液循环，增强新陈代谢，及时排除体内废物。玉能使生活饮用水和自然水变成活性水，帮助人体提高免疫力。

根据玉对人体的保健功能，运用传统中医经典理论结合现代科技手段，我国创新研制的玉枕、玉鞋、玉手球、玉项链、玉坐垫、玉靠背和通过 ISO9002 国际体系认证的保健玉床垫，被公认是造福人类、具有世界意义的发明创造。

购买玉器时一定要谨慎，选不好会影响健康。仿玉或假玉对人有害，尤其是敏感的人，为了健康和安全，要佩戴不经化学处理的天然玉。

二、玉器的分类

中国古代玉器有多种分类法，我们根据传统分类法将玉器分为礼乐器、仪仗器、丧葬器、佩饰、工具、生活用器、陈设器、杂器八大类。

第一类：礼乐器

“玉兽面谷纹璧”，战国晚期玉器。1977 年于安徽省长丰县杨公乡战国墓出土。

此器径 16.5 厘米，孔径 4.8 厘米，厚 0.3 厘米。玉料呈绿色，因埋藏多年，已产生褐色沁斑。

此器两面饰纹相同。外缘和近孔边缘以单阴线为界，中部以两周阴线隔为内外两区。内区饰谷纹，谷纹微凸起，呈旋状，其上又加阴线旋纹。外区一周饰三组双身兽面纹，兽面较宽，朝向内孔，以细阴线刻出，兽面两侧有伸出的肢体，细而长，似蛇身，交叉盘绕，兽面及兽身的局部以又粗又浅的阴线界出。

苍璧是古人祭天的礼器。

“玉神人纹多节琮”，新石器时代良渚文化时期玉器。

此器高 32.1 厘米，孔径 6.3 至 7.2 厘米。柱形，外方内圆，上宽下窄，中心有圆孔，上下相通。玉料深褐黄色，局部有黄白沁斑。

玉琮图案以横线截成十一节，每节均以四个琮角为人面的中心线，以四面凹槽为界，雕出四个简化的神人面纹。神人的冠和鼻清晰可见，圆眼及嘴则模糊不清，只是象征性地略刻一下。在玉琮上端相对的两侧面中部，隐约可见各有一阴刻的带双翼纹的符号。

黄琮是古人祭地的礼器。

“玉兽面纹圭”，新石器时代晚期玉器。

此器长 21.8 厘米，宽 5.5 厘米，厚 0.9 厘米。器身扁而长，一端略宽，有刃，另一端有一孔。

此器两面均有纹饰，一面中部为阴线兽面纹，兽面上下方分别饰有阴线绳纹及成组的凸线，另一面的主体纹饰大体相同，下方有一组凸线构成的变形兽面纹。

玉料表面经染色，呈漆黑色。

青圭是古人祭东方的礼器。

“玉饰纹卧虎”，春秋中期玉器，清宫旧藏。

此器长 7.7 厘米，宽 2.2 厘米，厚 0.3 厘米。青白色玉料，片状，虎作伏状，整体呈“弓”字形，头部刻画精细，张口，上唇上卷与鼻相连，前后足皆呈俯卧状，尾粗大上卷。

虎身饰“人”字形阴线虎皮纹，四肢饰勾云纹。

此器因埋藏而有褐色色变。

白虎是古人祭西方的礼器。

夏代二里头遗址出土了大量的玉璋。玉璋分赤璋、大璋、中璋，边璋、牙璋五种：赤璋是祭南方之神的；大璋、中璋、边璋是天子巡狩时祭祀山川的器物，大山川用大璋，中山川用中璋，小山川用边璋。所祭的如果是山，礼毕就将玉璋埋在地下，如果是川，礼毕就将玉璋投到河里；牙璋是调兵用的。

这块夏代玉璋通体磨光，柄与器身一侧各钻一圆孔，器身一侧的圆孔嵌一绿松石片。双面磨刃，凹刃，两阑均出扉牙。

这块玉璋极为珍贵，现藏于中国社会科学院考古研究所。

赤璋是祭南方的礼器。

“玉龙首璜”，战国晚期玉器。1977 年于安徽省长丰县杨公乡出土。

此器长 17.4 厘米，高 6 厘米，厚 0.3 厘米。片状，弧形，约为三分之一圆周。璜的上部中间有一小孔，供穿绳系挂。

此器两端雕有侧面的龙首图案，形似兽，耳贴于颈部，上唇厚大，下唇又尖又小，嘴部镂空并刻有齿纹。璜身饰凸起的谷纹，谷粒间以细阴线勾连。

玉料暗青色，局部因埋藏而发生色变。

玄璜是祭北方的礼器。

第二类：仪仗器

又称玉兵器，主要有玉戈、玉刀、玉戚、玉钺、牙璋、玉斧等。这些器形本源于实用器，主要出现于商、周两代，以商前期最为突出。

“玉戈”，西周玉器，北京房山琉璃河黄土坡西周墓出土。

此器直援，尖首，援之上下均为双面刃，中间起脊，脊线不明显。内为长方形，上有七组直线纹，每组两侧用斜刀起线，中间平行走一道阴线，至后缘出牙。近栏处有圆形穿，栏部有一道用细阴线组成的三角雷纹装饰带。器型又大又薄，切得平直均匀。纹饰简练，精致，典雅。

“三孔玉刀”，新石器时代龙山文化时期玉器。

此器长 49.1 厘米，宽 5.9 厘米，厚约 0.1 厘米。长方形薄片状，背部平直，刃部内凹，一端为方形，另一端略窄。

玉刀一面光滑细亮，另一面较粗糙。刃部锋利，钻孔标准。

“龙纹大玉刀”，商代玉器。

此器凹背凸刃，器身狭长，短柄，双面刃，刀尖上翘，刀身后端近柄处有一穿孔。

背脊上有锯齿形扉棱，近背处两面以阴线饰龙纹。

“玉戚”，商代晚期玉器。河南省三门峡虢国墓地出土，现藏于河南省三门峡市虢国博物馆。

此器长 14.4 厘米，宽 13.3 厘米，厚 0.8 厘米，青玉材质。体呈扁圆状，前端略窄，刃端阔而呈弧形，两侧边有脊牙各六个，中部有一圆穿孔，背面上留有一道切割痕迹。

“玉钺”，新石器时代良渚文化时期玉器。1987 年 2 月于余杭出土。

此器长 14.8 厘米、刃宽 11.3 厘米、厚 0.9 厘米。顶端不平整，弧形刃，刃的两端微向外翘。器身一面平整，另一面弧凸。上部中间有一个直径 1.4 厘米的对钻圆孔。

玉料为牙白色，略带黄褐斑及青灰色筋条。

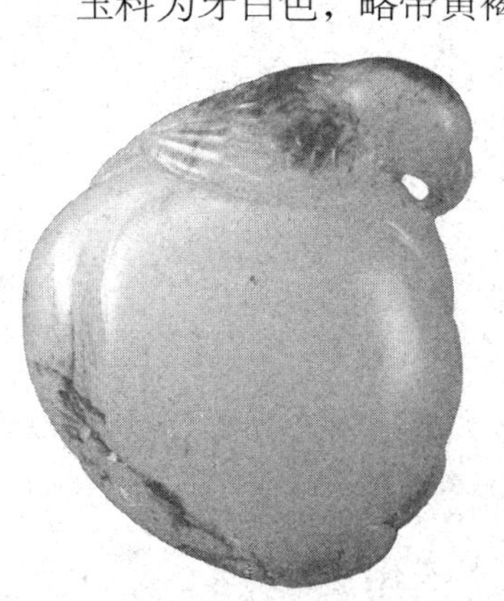

整器抛光精细。

“三星堆玉牙璋”，商代玉器。

此器长 22.3 厘米，刃薄，分叉如鱼尾状。柄两侧镂雕四组齿状扉棱，两侧扉棱之间有阴刻细线。柄身间有一个上大下小马蹄形圆孔，孔上琢一凤鸟。

青绿色玉质，上有白色条斑。通体打磨光润。

牙璋是古代调动军队的符信。

“玉花斑弧刃斧”，新石器时代含山文化时期玉器。1987 年于安徽省含山县凌家滩新石器时代墓地出土。

此器长 23.7 厘米，宽 8.7 厘米。长条形，略扁，刃部呈前凸的弧状。斧顶略窄，近顶部有一圆孔。

玉料呈青灰色，有较多自然纹理形成的暗花。

第三类：丧葬器

古人受鬼神观念和宗教思想影响，相信人死后灵魂会到另一个世界去。为了让死者灵魂永存，人们用玉保护死者的尸体。

从战国时起，逐渐形成了一套葬玉制度。所谓葬玉，是指为保存尸体而琢制的随葬玉器。历史上用过的葬玉有玉琀、玉握、玉塞、玉衣等。

玉琀是死者含在口中的玉器，多作蝉形。

玉握是死者握在手中的玉器，多作猪形。

玉塞即九窍玉，是堵塞或遮盖在死者身上九窍的九件玉器。所谓九窍指人的两只眼睛、两个鼻孔、两个耳孔、嘴、生殖器和肛门。

古代凡是穿在身上的都叫衣：裤子叫胫衣，袜子叫足衣，为死者盖在脸上的叫面衣。玉衣是指包裹全身从头到脚每一部位的衣罩，其外观与真人的体形相同，专为罩尸之用。

第四类：佩饰

玉佩饰产生于原始社会，是随身佩戴用于装饰的玉器。

良渚文化遗址出土的玉佩饰有玉珠、玉管、玉坠等。

殷商时代佩玉也很常见。东周战国时期出现了由不同类型的佩玉串连组成的“组佩”。

玉璧除了作礼器外，也作佩玉用。

实用装饰玉器的种类颇多，有玉块、玉觿、笄、珥珰等，可谓琳琅满目。

玉觿是角形玉器，造型源于兽牙。原始社会有佩带兽牙的习俗，后来用玉仿造，称为玉觿。玉觿流行于商代，历西周、春秋战国，直至汉代，汉以后消失。玉觿除用于佩戴外，古人还用以作解结的工具。佩戴玉觿表示具有解决困难的能力，是智慧的象征。

玉玦是一种耳环状的玉器。战国墓中的小玉玦常成双成对地发现于死者的两耳旁边，是耳饰玉器。到汉代时，已不作耳饰用，主要用作佩玉。

耳坠古代称为珥珰，是佩戴历史最悠久、最普及的一种饰物。古代耳饰中最早出现的是充耳，又叫珥，是男女共用的佩饰。佩戴充耳是提醒人们闻言必慎，不可妄听之，要慎之又慎。后来，男子不再佩戴，成了女子独有的妆饰，象征尊贵之意。

第五类：工具

玉制生产工具主要见于新石器时代和青铜时代。

玉制工具有玉斧、玉铲、玉箭、玉镞、玉斤、玉凿、玉刀等，与青铜工具的形制没有差别。

玉斤是斧子一类的工具。斧子是直刃，斤是横刃。随着青铜冶铸业的繁荣和铁器的出现，以玉材制成的生产工具逐渐消失了。

第六类：生活用器

生活用玉器最早见于商代，有玉簋等。

战国秦汉时有玉角杯、玉卮、玉奁、玉灯、玉羽觞等。

唐宋以后，玉杯、玉碗、玉瓶大量出现，餐具、文具、酒具等品种激增，文房用具有笔筒、书镇、笔架等。

此外尚有玉盘、玉拐杖、玉枕、玉函、玉检、玉札和玉笈等。

玉卮是玉制的酒杯，由盖和卮体组成。卮体呈圆筒状，有三足和一扳手。

羽觞又称羽杯、耳杯，是盛酒器具，器形椭圆、浅腹、平底，两侧有半月形双耳，有时也有饼形足或高足。因其形状像爵，两侧有耳，像鸟的双翼，故名羽觞。

第七类：陈设器

陈设器包括玉山子、玉屏风、玉奔马、玉鸽、玉辟邪、玉熊、玉鹰等。

玉山子即圆雕山林景观，制作时先绘平面图，再行雕琢，因而又常以图命名。玉山子上分别雕出山林、人物、动物、飞鸟、流水等，层次分明，各具形态。

辟邪是传说中的神兽名，是一种似狮、独角

或双角、身上有翅的神兽，能辟邪袪凶。

在我国历史上，清代的玉制陈设器最为多见，品种多，数量更多。

第八类：杂器

杂器指不能归入以上几类的玉器，常见的有玉钩、玉如意、璇玑、刚卯、玉带、玉剑饰、玉印和玉玺等。

璇玑体扁平，中央有圆孔，形似变形的环。外缘有三个形状相同、均向同一方向旋转的锯齿状凸脊，凸脊之间各有每四齿为一组的锯齿三组，是观测天象之器，一说是织机上的部件。

刚卯是用玉、金或核桃为料制成的长方体柱状物，其中有孔，因制于正月卯日，故称刚卯，是挂在革带上的护符。

玉制杂器的数量是庞大的，远不止这些。

三、古代玉器史

中国古代玉器的历史十分久远，几乎与石器同龄。

早在旧石器时代晚期，我们的祖先就发现并使用玉了。人们在制作石制工具时发现了玉这种矿物，由于它比一般石头坚硬，人们就将它制成工具。再加上玉的与众不同，那特有的色泽与晶莹剔透，惹人喜爱，人们便用它做装饰品。因为玉很少，加工又很困难，所以只有族群里极少数的人如族长、祭师才有资格佩玉和用玉，这就使玉渐渐演变成礼器、祭器或图腾了。如河姆渡文化的玉璜、马家浜文化的玉玦、崧泽文化的玉琀、良渚文化的玉琮和三叉型器、红山文化的玉龙、龙山文化的璇玑、齐家文化的联璜玉璧等。

这些文化遗址中出土的玉器是中华民族玉器的源头，几乎涵盖了中国古代玉器的所有品种。夏商周三代的玉器都是由这些玉器发展而来的。

（一）河姆渡文化时期的玉器

河姆渡文化是长江下游地区古老的新石器文化，因发现于浙江余姚河姆渡而得名。它主要分布在杭州湾南岸的宁绍平原及舟山岛。年代为公元前5000年至公元前3300年。

河姆渡出土了骨器、陶器、玉器、木器等生产工具，还有生活用品、装饰工艺品。这些出土文物全面反映了我国原始社会母系氏族时期的繁荣景象。

河姆渡遗址出土文物曾多次出国展览，震撼了整个世界。

河姆渡玉器制作都还简陋，玉料选择不严，玉质也差。玉器的器形有璜、珠、饼、丸、坠等，多系小件佩饰，制作尚不规整，大多光素无纹。

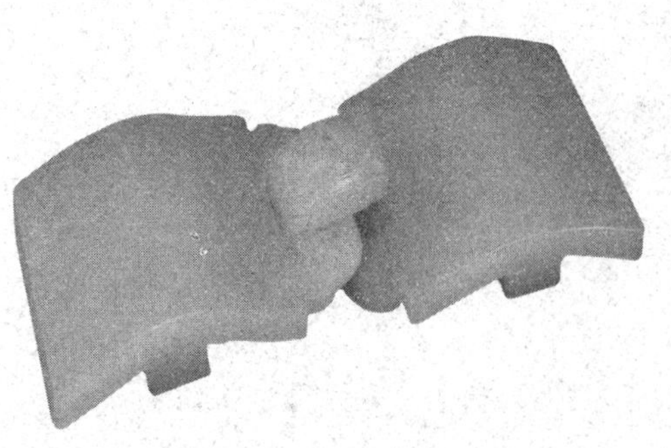

河姆渡遗址出土的玉璜是一种礼仪性的挂饰。每当进行宗教礼仪活动时，巫师就戴上它，显示出巫师的神秘身份。

在中国古代，玉璜与玉琮、玉璧、玉圭、玉璋、玉琥等被《周礼》称为“礼天地四方”的礼器。六器之中的玉璜、玉琮、玉璧、玉圭等四种玉器历史最为悠久，早在新石器时代就出现了。

河姆渡文化玉器是迄今所见长江下游地区最早的制玉成果之一，虽然玉器的种类和数量很少，又都是小型装饰品，造型简单，做工原始，但它的产生直接影响到马家浜文化及良渚文化玉器的发生及发展，在太湖流域形成制玉中心，与北方的红山文化制玉中心遥相呼应，共同谱写了玉器文化的光辉篇章。

（二）马家浜文化时期的玉器

马家浜文化是长江下游地区的新石器文化，因浙江嘉兴马家浜遗址而得名。主要分布在环太湖地区，南至钱塘江，西抵茅山，北达长江北岸一带，距今7000至6000年。

马家浜出土的器物有穿孔石斧、陶豆、罐、盆、纺轮、玉珠、玉玦等。

玉玦为装饰品，后来成了中国的传统饰物。

玉玦是我国最古老的玉饰，呈环状，有一缺口，在古代主要被用作耳饰和佩饰。小玉玦常成双成对地出土于死者耳部，类似今天的耳环；较大体积的玉玦则是佩戴的装饰品或带有特殊使命的符节。新石器时代的玉玦制作朴素，无纹饰。

关于玉玦的用途，古今说法甚多，概括起来有五种：一作佩饰；二作信物，见玦时表示与有关者断绝关系；三表示佩戴者遇事善于决断，有大丈夫气概；四为刑罚标志，犯法者见玦则不许返回，要长期流放在外；五用于射箭，使用时将玦套在右手拇指上，用以钩弦。这块马家浜遗址出土的玉玦独具特色，只有半圆大一些，而一般的玉玦缺口均极小。

（三）崧泽文化时期的玉器

崧泽文化距今约6000年至5300年，属新石器时期母系社会向父系社会过

渡阶段，因首次在上海市青浦区崧泽村发现而得名。

青浦区发现崧泽文化遗址 4 处，出土文物 800 余件，有石器、玉器、骨器、陶器和兽骨、稻种等遗物，证明崧泽距今 6000 年前就有人类居住，崧泽人是上海人最早的祖先。

上海青浦县崧泽文化墓地出土的玉器璜、玦、环、镯等与马家浜玉器稍有区别，选材较好，璜的形式增多，有近似鱼形、鸟形的。璜体又宽又薄，两端平直，多于两端各穿一孔。这一时期玉器多为扁平型，系切割加工而成。

7 号墓主嘴里含着玉琀，并配有玉环。这块玉琀一端宽圆、一端尖，形如鸡心，出土时尚在墓主人口内。

崧泽文化上继马家浜文化，下接良渚文化，是长江下游太湖流域重要的文化阶段。

（四）良渚文化时期的玉器

良渚文化是我国长江下游太湖流域一支重要的古文明，因发现于浙江余杭良渚镇而得名，距今约 5250 年至 4150 年。良渚文化遗址出土玉器非常多，种类有珠、管、璧、璜、琮、璋。其中玉琮体积大，工艺精湛，是中国古代玉器中的珍品，被誉为“玉琮王”。

良渚文化遗址出土的玉琮呈扁矮方柱状，内圆外方，上下对穿一直径仅 4.9 厘米的圆孔。器表每面以 4.2 厘米宽的竖槽将琮面左右一分为二，又以仅 0.1 厘米宽的三条横槽将琮面分为上下四节。器型规整，厚薄均匀，边角端正，轮廓分明，在成型过程使用了拉丝、管钻、锯切等多种以砂为介质的开料手段。又满又密的阴线刻、减地浅浮雕手法、精细的器表打磨表现了良渚玉器的高度成就。

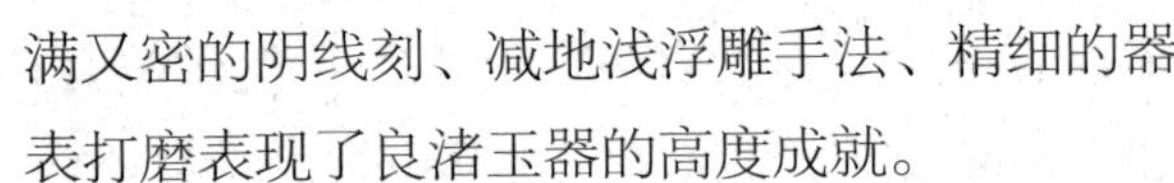

玉琮是巫师通天地敬鬼神的一种法器，带有强烈的原始巫术色彩。

良渚文化遗址出土的三叉型器呈南瓜黄色，通高 3.7 厘米，宽 6.2 厘米，最厚处 0.66 厘米。下端圆弧，上端分为三叉。正面是稍有弧突的平面，背面三叉和下端的正中部均有凸

块，凸块上钻有上下贯通的小圆孔。三叉型器是良渚文化时期数量最少的器种，属贵族用器，弥足珍贵。

（五）红山文化时期的玉器

红山文化是距今约5000年左右，在燕山以北、大凌河与西辽河上游流域活动的部落集团创造的农业文化，因最早发现于内蒙古自治区赤峰市郊的红山而得名。距今五六千年左右，延续时间达2000年之久。

红山文化是我国新石器时代北方原始文化的代表，它与存在于山东地区的龙山文化和存在于长江中下游地区的良渚文化一样，都是中华古文明的重要组成部分。

红山文化玉雕工艺水平很高，玉器有猪龙形缶、玉龟、玉鸟、兽形玉、勾云形玉佩、管状马蹄形玉器、棒形玉等。玉器为磨制加工而成，表面光滑，晶莹明亮，极具神韵。

到目前为止，红山文化的玉器已出土近百件，其中大型碧玉C型龙周身卷曲，吻部前伸微翘，头顶至颈背有长鬣后披，鬣毛后翘，极富动感。

这只大玉龙曲长60厘米，直径2.2至2.4厘米，呈倒“C”字形，有圆鼻孔二，双目橄榄形凸起，末端翘起，额及颚下有阴刻菱形网纹。龙躯扁圆，背部有一钻孔，可系绳穿挂。此龙因吻部前伸，前端翘起，所以也称“玉猪龙”。结构简洁，充满生命力，是一个部族的图腾。

由于这只龙已经具备了龙的基本特征，而且是现在发现的最早的龙文化的实物，因此被喻为“中华第一龙”。

这些精美齐全的玉器说明红山文化非常发达，当时的社会生活水平也比较高。红山文化这一重大发现把中华文明史提前了一千多年，为夏代以前的三皇五帝传说找到了实物依据，在中华文明发展过程中占有极其重要的历史地位。

（六）龙山文化时期的玉器

龙山文化泛指中国黄河中下游地区新石器时代晚期的文化，因首先发现于

山东章丘龙山镇而得名，距今约 4350 年至 3950 年，分布于黄河中下游的山东、河南、山西、陕西等省。这一时期已进入父系氏族时期了。

龙山文化遗址中发现的玉器可区分为山东龙山文化、河南龙山文化和陕西龙山文化。这三个文化中的玉器以山东龙山文化发现的玉器较多，河南龙山文化和陕西龙山文化玉器发现较少。

山东龙山文化遗址出土的玉锛上端有饕餮纹，是商代青铜器饕餮纹的祖型，极为珍贵。

河南龙山文化出土玉器有玉璧、玉璜、玉环、玉饰等。

陕西龙山文化出土玉器有玉璜、玉璋、玉刀、玉镰、玉钺、玉雕人首等。

（七）齐家文化时期的玉器

齐家文化因首先发现于甘肃广河齐家坪遗址而得名。齐家文化主要分布在甘、青境内的黄河沿岸及其支流流域、陕西西北部、内蒙古西部和宁夏部分地区，年代为公元前 2000 年至公元前 1900 年。

齐家文化遗址曾出土一批独具特色的玉器，内涵丰富，品种繁多，工艺精美，令人惊叹。

齐家文化遗址出土的联璜玉璧璜长 7.3 至 10 厘米，宽 2.4 至 2.8 厘米，厚 0.3 至 0.5 厘米，浅绿色。单璜扇面形，素面，三璜联缀合成玉璧，品相一流，是不可多得的珍品，现藏于中国社会科学院考古研究所。

玉璧是中国玉器中出现最早并一直延续的品种，使用范围、数量也为历代玉器之冠。玉璧是一种圆板形、片状、中部有孔的玉器，有以下几种用途：一为礼器，二为佩玉，三为礼仪馈赠品，四为葬玉。

古代圆板形、片状、中部有孔的玉器有璧、瑗、环、玦四种，用处各不相同：瑗用以召人，如天子召见诸侯，诸侯召见卿大夫和士的时候，都要命人拿着瑗作为信物；环用于君主赦免臣下之罪，许其返还复任；玦则表示君臣关系断绝，返回无望；璧的用处

已如上述。这四种圆玉用途不同，形状也有细微差别：中心孔径小于边宽的为璧，中心孔径大于边宽的为瑗，中心孔径与边宽相等的为环，周边有一个小缺口的为玦。

进入夏代后，渐渐难以见到玉制工具，取而代之的是大量的礼器和玉佩了。

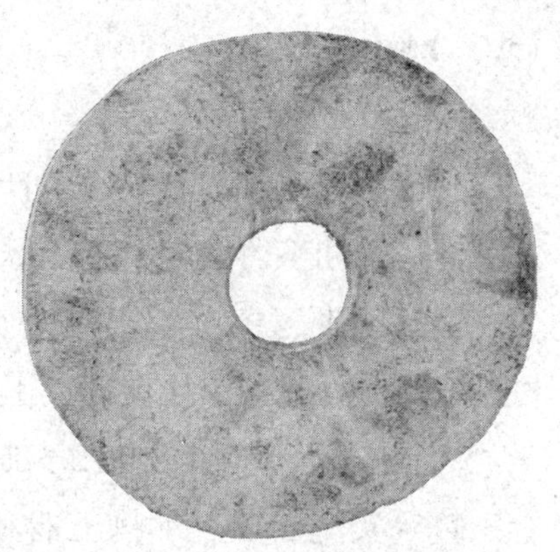

（八）夏代玉器

夏代是一个崇尚玉文明的朝代。

夏代玉器的风格是上述河姆渡等文化向商代玉器的过渡形态，这可从河南偃师二里头遗址出土的玉器窥其一斑。二里头出土的七孔玉刀，造型源于新石器时代齐家文化的三孔玉刀，而刻纹又带有商代玉器双线勾勒的滥觞。

二里头遗址距今大约 3800 年至 3500 年，相当于夏、商时期。

二里头遗址出土的七孔玉刀为夏代玉器，长 65 厘米，呈墨绿色，扁平，为肩窄刃宽的宽长梯形，两侧有对称的凸齿，近肩处有等距离排成直线的 7 个圆穿。玉刀两面饰纹相似，都以交叉的直线阴纹组成网状和几何纹图，饰纹精美，被称为绝品。

夏代玉器种类很多，生产工具有玉斧、玉铲等，装饰品有玉管、玉珠、绿松石饰件、嵌绿松石兽面纹饰牌等，礼器有玉戈、玉圭、玉刀等。

二里头出土的玉戈很多。夏代的礼仪玉器中，兵器形玉器占了重要地位。这表明经过激烈的征战后，夏朝统治地位才得以巩固。玉戈是龙山文化玉戈的延续，无中脊，有的玉戈长达 43 厘米。器形之大，实属罕见，是典型的礼仪用器。

作为中国奴隶制社会第一个朝代的玉器，是新石器时代玉器的总结，为商代玉器的发展奠定了基础。虽然我们见到的夏代玉器很少，但其造型与纹饰均成为商代玉器制作的范本。因此，我们可以说夏代玉器在历史交替时期起到了承上启下的作用。

（九）商代玉器

商代不但青铜器有名，而且也以众多的玉器著称于世。

商代早期玉器发现不多，琢制也较为粗糙。

商代晚期玉器以安阳殷墟妇好墓出土的玉器为代表，共出土玉器 755 件，按用途可分为礼器、仪仗器、工具、生活用器、佩饰和杂器六大类。

商代玉匠开始使用和田玉制造玉器，数量较多，有仿青铜彝器的碧玉簋、青玉簋等实用器皿。动物玉器和人物玉器大大超过几何形玉器，玉龙、玉凤、玉鹦鹉神态各异，玉人或行或站，或跪或坐，姿态多样。

这件“青玉鸟形佩”是商代晚期玉器，1976 年于安阳殷墟妇好墓出土，现藏于河南博物院。此器长 10 厘米，宽 2.5 厘米。短翅，尖喙，圆眸，翘尾，屈足，颈部有孔，可供佩系。此佩采用双面双线勾勒，为典型的商玉风格。

商代晚期玉器的种类、数量比商代早期和远古均有所增加，说明玉器的功能在逐步扩大。

商代早期玉器以琢出笔直的阴线、薄片状玉器为代表；商代晚期玉器艺术则具有象征性、装饰性的特点，如一些立体的人物玉雕，主要突出它们的头部及目齿等器官的特征，省略细部，只作象征性的刻画，重要细部施以圆润婉转的阳线，呈现出浓厚的装饰趣味。这种象征性与装饰性高度统一的艺术手法是商代晚期玉雕的主流。另外还有一种简化型玉器，如玉鱼和玉刀。这两种倾向的玉器工艺都来源于远古并有所发展，进而为西周玉器的进步打下了基础。

（十）西周玉器

西周玉器在继承殷商玉器双线勾勒技艺的同时，独创一面坡粗线或细阴线镂刻的琢玉技艺，这种技艺在鸟形玉刀和兽面纹玉饰上大放异彩。

西周玉器没有商代玉器活泼多样，略显呆板。这与西周严格的宗法礼制有关。

西周玉器所用的玉料讲究质地美，

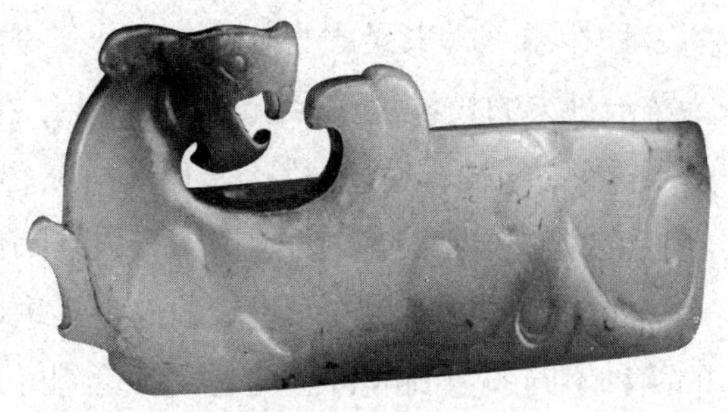

大多用新疆所产昆仑系玉料，只有少量用辽宁产的岫玉。制玉工具较商代先进，琢玉技艺也大大提高了。

西周玉器的最大变化，是表现在玉器品种上。新石器时期至商代盛行的实用或不实用的玉制工具已逐渐消失，仿实战武器而作为仪仗器的玉刀、玉戚等在中原地区已不能见到；玉戈、玉戚已步入衰亡期，数量不多，器形也向小型化发展，大多从数十厘米长减至10厘米左右。

礼器中的玉琮，在西周王室所在地，特别是今陕西省周原一带有大批出土，玉璧多已趋向小型化，玉璜、玉琥突然增多了。宝鸡茹家庄一号西周中期墓出土的玉琥长6.5厘米，宽2.8厘米，厚0.5厘米。虎头高昂，双耳直立，张口露齿，呈咆哮奔扑状，背微拱，尾回卷，前后肢前屈刨地，动态极强，显得矫健有力，凶猛传神。耳中研磨成涡状，口中钻一圆穿，可以佩带。

玉制写实性动物形器品种较殷商时期为少，由殷商期的数十种减至十余种，常见有牛、羊、猪、兔、鸟、虎、鹿、龟、蝉、蚕、鱼、螳螂等。至于非写实性的神鸟神兽，新石器时期开始出现的凤，经夏商一度中断后重又出现，而且多了起来。这说明当时的人们从早期崇奉自然和写实动物为主转向崇奉神灵了。如“双凤纹玉柄”，长17.1厘米，宽3.7厘米，厚0.7厘米。上部由双凤纹对称构图，尾下垂，回卷成勾状，在相对的两喙及身尾之间镂空大小两个桃形孔，一上一下，可穿挂。中部是一昂首挺立的高冠长尾凤，圆眼，尖勾喙，单足利爪踏在下部一夔龙头上。纹饰精美，手法多样，刀法有力，线条圆润，纹饰清晰。

西周时除保留众多的传统玉器品类外，还出现一些新的品种，主要的有成组佩玉和专供死者埋葬用的玉面罩。

玉面罩由近似人面部五官形式的若干件玉器按人体面部大小形态缝缀在布料上，形式各不相同，边角有穿孔供缝缀用，使用时凡有饰纹部分都朝着死者的面部。

玉圭最早见于新石器早期，它是由当时的石斧演变而来的。石斧是在狩猎、劳作和部落战争中所使用的工具和武器，逐渐演化为圭。西周玉圭是朝廷祭祀

的一种礼器，后来又成为权力的象征。朝廷在分封诸侯时，常常赐以玉圭，作为统治地方的权杖。获得玉圭的诸侯在封地内握有生杀大权。

这件黄玉玉圭呈厚片状，顶部有突起的圭角，圭下部呈圆角方形。背面有乳钉纹饰，雕琢细腻，刀法有力，线条圆润，纹饰清晰。

西周玉器在俏色方面也较殷商有了突破，如“鱼鹰鲫鱼器”，利用一块玉料的两种不同颜色制成，生动逼真，恰到好处，令人惊叹。

这件“玉鱼”是西周玉器，以单线雕出鱼头、鱼眼、鱼腹。嘴上有一小孔，可供系挂。

此器造型优美，雕刻简洁，是西周玉器的极品。

（十一）春秋战国时期玉器

春秋战国时期，学术上百家争鸣，文化上百花齐放，玉雕更是光辉灿烂。

周王和诸侯率先佩挂玉饰，以标榜自己像玉一样，是有德君子，以致当时佩玉特别发达。

能体现时代精神的是大量龙、凤、虎形玉佩，造型富有动态美，具有浓厚的中华民族特色。

在饰纹方面出现了隐起的谷纹，附以镂空技法，底子上施以单阴线勾连纹或双勾阴线叶纹，显得饱满而又和谐。

玉带钩、玉剑饰和活连环是这一时期新出现的玉器。

一柄玉剑一般具有玉剑首、玉剑格、玉剑璏、玉剑珌四种玉饰。玉质活连环是战国时期首创的器型。活连环制作工艺极为繁杂，整块玉料先要分段切割，然后再将每一部分凿成活环。

如“玉谷纹璏”，长 6.5 厘米，宽 2.3 厘米，高 1.4 厘米。1977 年于安徽省长丰县杨公乡战国墓出土。长方形，片状，两端向下卷，表面饰凸起的谷纹，每 3 个谷粒为一组，以阴线相连。此器由典型的青玉料制成，是饰于剑鞘侧面的玉件。

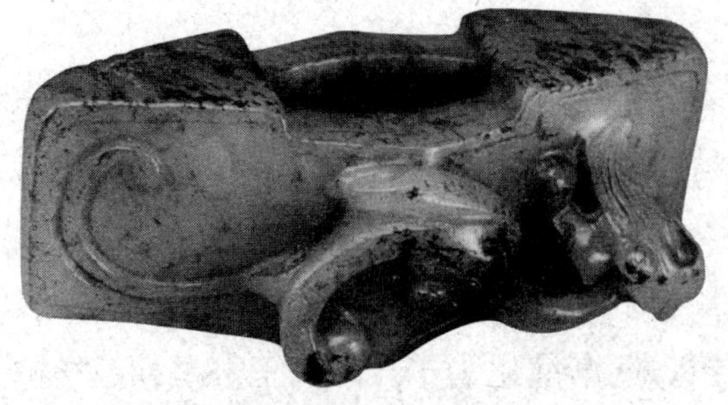

又如“玉云纹珌”，清宫旧藏。

高 6.3 厘米，宽 5.95 厘米，厚 2.25 厘米。此器呈上宽下窄的梯形，两侧内凹，中部向两面凸起，表面饰阴线勾云纹，勾云纹中又有细阴线环形图及双短线。剑珌是剑鞘底端的饰物，所处位置很低。玉料为青白色，表面有较重的赭色斑。

“玉扭丝纹瑗”，战国玉器，清宫旧藏。直径 8.3 厘米，厚 0.3 厘米。瑗呈内、外双重环状，环面饰扭丝状纹饰，两环相连有六处，其中三处饰横向的扭丝纹。两环间有细长的透孔相隔，共六处，其中三条透孔中部开圆形小孔，为穿绳悬挂用。扭丝纹环形玉多为单层，此为双重玉瑗，极为珍贵。

春秋战国时期，儒生把礼学与和田玉结合起来研究，用和田玉象征君子，借以体现礼学思想。他们将儒家的仁、义、礼、智、信等传统观念同和田玉的各种特点联系起来，于是玉有五德、九德、十一德等学说应运而生。后来，这些学说成了中国玉雕艺术的理论依据，也是中华民族几千年爱玉风尚的精神支柱。

在中国玉器史上，良渚文化玉器是中国历史上的第一个高峰，春秋战国时期的玉器是第二个高峰。这一时期的玉器数量多，质量好，新创了不少优美器型，线条运用更臻娴熟，纹饰急剧增加，刀工秀逸遒劲，风格清新潇洒。春秋战国五百年间，给后代留下了无数玉器珍品。

春秋战国玉器在中国玉器发展史中占有极重要的地位。它一改商周玉器简单古朴的风貌，创制了一大批造型、图纹及工艺风格都为之一新的艺术珍品，为我国玉文化谱写了光辉的一页。

（十二）秦代玉器

秦代仅有 15 年，于公元前 206 年被汉代取代。

秦代在中国历史上虽然短促，但在艺术上曾创造出辉煌的成就。

秦代玉器也曾有过不平凡的业绩。如秦始皇灭六国时，得到一块和氏璧，命琢玉大师孙寿刻成传国玺。此玺方四寸，螭虎纽，将李斯虫鱼书“受命于天，

既寿永昌”八字镌刻其上。此玺极为珍贵，一直传到唐代，不幸佚于战乱。

秦代所遗玉器很少，可分三类，即玉人、玉礼器和玉器皿。陕西省等地出土一批秦代玉器，有形同秦兵马俑造型的男女玉人、玉高足圆杯、玉剑饰、玉尊、玉鱼和六器等近百件。

出土的一对玉人：男玉人长 12.1 厘米，宽 2.38 厘米，厚 0.38 厘米，玉料呈黄绿色，表面有絮状白化斑，头顶有偏斜发髻，面部用阴线勾勒出弯眉、大眼、圆鼻、横长方形阔口，上唇有八字胡，下颌有四道胡须，身体呈长方形，是成年男子的形象；女玉人长 11.6 厘米，宽 2.4 厘米，厚 0.31 厘米，玉料呈青绿色，为丹凤眼、直鼻梁、梯形口，发型为垂于肩背的槌状单髻，腰部刻有一条阴线用来表示腰带纹。

这两个玉人是两千多年前秦代的祭祀礼器。虽然玉人做工不精，但仍清晰地反映出秦人特有的造型和纹饰，为研究秦代玉器和当时的风俗礼制提供了珍贵的实物资料。

六器即一套完整的礼器，包括璧、琮、圭、琥、璋、璜六种玉器。六器中的一对形似真虎的玉琥证明六器中的玉琥形同真虎，而不像其他五器那样是几何式造型。

秦国玉器虽然数量不多，但很有特色。

（十三）汉代玉器

汉代强大的国力促使其手工业生产相当发达，玉器也攀上了古代玉器发展的最高水平。

汉武帝时，张骞出使西域，开通了闻名遐迩的丝绸之路。新疆和田玉沿着丝绸之路源源不断进入中原，使玉器制作得到极大的物质保证，从而使汉代玉器的质量有了根本性的提高。

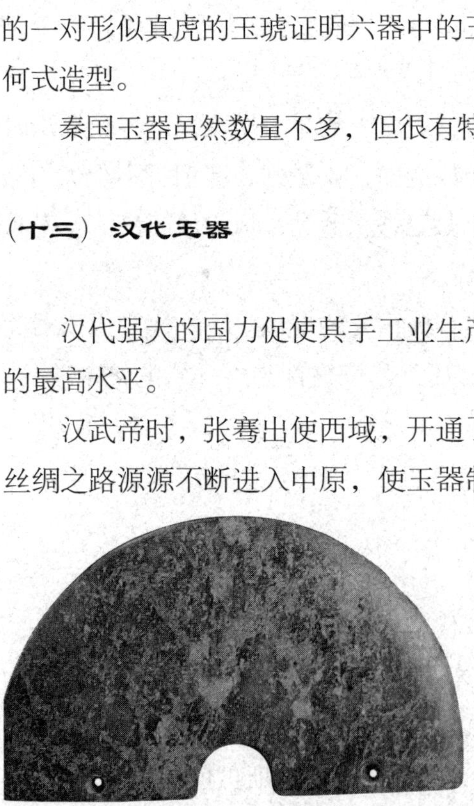

汉代玉器在继承战国玉器传统的基础上有所变化和发展。礼器减少了，组佩趋于简化，而用于丧葬的玉器明显增加，玉制的日用品和装饰品也有较大的发展。

在雕琢工艺方面，圆雕、高浮雕、透雕的玉器和镶嵌玉器逐渐增多。

在纹饰风格方面，由以抽象为主转向以写实为主，一些像生类玉器有了现实感和生命力，形神能巧妙地结合于一体。

汉代玉器种类很多，可分为日用品、装饰品、艺术品、辟邪用玉、礼仪用玉和丧葬用玉。

如“高足和田青黄玉杯”，于江苏省徐州市狮子山楚王陵出土，现藏于徐州博物馆。此杯高 11.7 厘米，圆筒形，平口，弧腹，矮圈足底。外周壁通体饰花纹，分为上，中，下三组：上下两组花纹基本相同，饰宽连云纹；中间一组饰细勾连云纹。三组花纹间分别以突弦纹间隔。外壁通体抛光，内壁没有磨光，掏膛痕迹依稀可见。玉质为和田青黄玉，晶莹透明，细腻滋润，局部有天然纹理及土沁斑。

装饰品分为人身上的玉饰和器物上的玉饰两大类。人身上的玉饰主要是佩玉，有璜、环、琥、玉舞人等，还有商周以来用于解结的觿和射箭时钩弦用的玦，已演变为装饰用的佩玉。玉环的纹饰优美多样，在佩玉中占有重要的地位。南越王墓出土的“透雕龙凤纹重环玉佩”纹样优美，工艺水平很高，覆盖在墓主头罩的右眼位置，由青白玉雕刻而成，直径 10.6 厘米，厚 0.5 厘米。玉佩呈圆璧形，以圆圈分隔内外两圈，所以被称为重环。内圈中央为一条游龙，两爪及尾伸向外圈。游龙张开的前爪上站立了一只凤鸟，回眸凝望游龙，一应一合。游龙的冠、尾羽和后爪也伸出外圈，冠及尾羽上下延伸成卷云纹，把外圈顶端空间填满，后爪为了不破坏与卷云纹呼应的效果，不表现其尖锐的爪子，因此形成了整体的和谐感。这块玉佩玉质圆润，制作精美，龙凤造型简约，符合美学标准，运用的卷云纹是当时的流行纹饰。龙居中凤居侧的安排表现出汉代开始以龙为主的观念。这件玉佩采用镂雕工艺，构图完美，主次分明，细致精密，是罕见的艺术珍品，代表了西汉玉器工艺的最高水平。

汉代圆雕玉器虽不多，但表现了汉代玉器造型艺术的高度水平。汉元帝渭陵附近出土的玉鹰、玉熊、玉辟邪和玉奔马，是一批难得的艺术珍品。其中玉奔马用白玉雕成，作奔腾前进状，马上的羽人双手扶着马颈。全器雕琢精巧，

造型生动逼真。

汉代用于礼仪的玉器，从文献记载和考古资料考察，和先秦时期有所不同。《周礼·春官·大宗伯》所载用于“礼天地四方”的璧、琮、圭、璋、琥、璜（所谓“六器”），都属礼仪用玉。但到汉代只有璧和圭仍然作为礼仪上使用的玉器。玉璧在汉墓中出土很多，玉圭则从西汉中期以后逐渐消失。汉代玉璧的花纹，除了传统的蒲纹和谷纹外，还流行着在蒲纹或谷纹的外面加饰一周兽纹或鸟纹。如满城汉墓出土的谷纹璧，外缘有透雕双龙卷云纹附饰，纹样优美生动，是汉代玉璧中的珍品。

两汉玉器对以精致著称的春秋战国玉雕艺术是一次重大突破，对后世玉器有重大的影响。

（十四）魏晋南北朝玉器

魏晋南北朝时期社会动荡不安，玉文化的发展受到严重的抑制，玉器的工艺也远远不及两汉时期的作品。

这一时期传世和出土的玉器寥若晨星，做工也显得简略朴素，精品极少。

这一时期佛教深入民间，促使玉器生产转向新领域，纷纷以和田玉雕造佛像。

总之，高度发达的、处于巅峰地位的两汉玉器工艺渐渐走向低谷，同时又出现了向新领域转化的萌芽。

魏晋南北朝是处于以传统风格为主的汉代玉器辉煌期到开放的唐代玉器高峰期中间的低谷期。在这一时期，玉器风格简单，用途简化，装饰也简略了。

在这一时期里，汉代以前盛行的礼仪用玉多已不见，偶尔得见的琮和璧等礼玉不是前代旧玉就是仿制品，毫无创新。丧葬用玉大为减少，不再受到重视。

魏晋南北朝玉器中有所创新的是日用玉和装饰玉。

玉珩是魏晋南北朝时期的流行玉佩，多数作如意云头状。玉珩是一种弧形片状玉器，属于古老的佩饰品，是成组佩饰中最重要的组件，

在组佩的最上方，起着平衡整套佩饰的作用。玉珩作为成组佩玉的组成部分大量出现，其形式和纹饰极为丰富，普遍应用了镂空、浮雕等手法。

这一时期玉器的装饰风格有三个特点：一是汉代玉器装饰风格的沿袭，二是唐代粗阴线装饰的肇始，三是玉器总体装饰以素面为主。

总之，这一时期是从商、周、秦、汉以来中国玉器以礼仪用玉和丧葬用玉为主的古典玉器传统到唐、宋玉器逐渐以装饰玉器、实用玉器为主的中古风格的过渡期。

（十五）隋唐玉器

隋朝历史很短，不足40年，但却为大唐帝国的创建铺平了道路，打下了根基。在玉器史上，隋代玉器工艺也为唐代拉开了序幕。

隋唐的经济繁荣与文化发展，使得当时的对外交往密切，手工艺品成为了对外贸易的重要商品。这一时期出土的玉器有玉杯、佩饰、带扣、带板、玉簪、衮册等。

唐代玉器和器形与两汉魏晋南北朝风格不同，大量出现花鸟、人物饰纹，富有浓厚的生活气息。有实用价值的杯碗增多，并出现新型饰件和表示官阶高下的玉带饰物等。

唐代是我国封建社会的顶峰，玉器发生了显著的变化，主要表现在玉料的精美化、工艺的创造性、装饰的鉴赏性三个方面。

唐代经济的发展促进了玉器的发展，唐代文化艺术的繁荣是唐代玉器生存的土壤。

唐代丝绸之路再度畅通，确保了玉料的输入，而且使唐代玉器融入了异域文化风格。

旧的礼仪用玉退出历史舞台，出现了新的礼仪用玉。丧葬用玉几乎绝迹，佛教玉器、实用玉器、玉摆件开始风行全国。

唐的礼玉已不用琮、璧，只有禅地玉册与哀册两种。

如“唐玄宗禅地玉册”，呈简牍状，五简为一排，以银丝相连。

玉哀册是帝王下葬时的最后一篇悼文，是称颂帝王功绩的。玉哀册呈扁平片状，但较宽较长，表面磨平，正面刻楷书文字，字内填金，背后有顺序编号。

唐代官员用玉有各式玉带板，碾琢虽不细，但形象富有生气，是唐官府玉的特点。玉不可以弯曲，因此，玉带是先制作成小型号的玉板，再串成玉带。这种小型号玉板即玉带板。这块玉带板宽 5.4 厘米，玉料白色，扁方形，浮雕伎乐胡人。胡人长须，两边卷曲，深目大鼻，双手高举乐器，席地而坐于毛毯之上奏乐，具有明显的西域色彩。

唐代佛教玉器主要有玉佛和玉飞天两种。玉飞天多作女性形象，其形体可与敦煌壁画中的飞天媲美。

唐代宫廷用玉都是装饰玉，玉佩多用狻猊、鹿、双鹿、寿带、凤、双凤等祥瑞性禽兽图案。玉狻猊多取跳跃前蹲伏一瞬间的姿态，形神毕肖。玉鹿与金、银、瓷等器皿上的鹿纹一样，往往头顶生出盘状角，肌肉丰满，与后世的梅花鹿截然不同。

唐代玉器在装饰图案纹样上，广泛采用花卉纹。花卉图案非常完整，花蕾、花叶、花茎一应俱全。与花卉纹同时流行的还有如意云纹，如“青玉流云纹单把杯”，光泽较强，用一团多歧如意行云作装饰，以起凸法碾云，颇有行云的流动之感。

在玉器上出现黄金饰件始见于战国至汉代，当时的黄金饰件主要起垂勾之用，如金链、金钩等。隋唐用黄金饰玉主要起装饰之用。

唐代玉器重在表现神韵，善于采取夸张手法突出形象的关键部位。碾琢大多趋向精练，以便于显示玉质之美。构图单纯，因材施艺，富有立体感，这是唐代制玉工艺的总趋势。

（十六）宋辽金玉器

宋、辽、金互通贸易，经济、文化交往十分密切，玉器艺术也得以共同繁荣。

宋代金石学兴起，工笔绘画大为发展，城市经济繁荣，促进了宋、辽、金玉器的空前发展。

宋、辽、金玉器以实用装饰玉器占重要地位，玉器更加接近现实生活了。

宋代玉器构图复杂，多层次，形神兼备，有浓厚的绘画趣味，完成了由唐代工艺性、雕塑性向宋代玉器绘画性的转变。

皇家用玉有玉束带、玉佩、玉辂、玉磬、玉圭、玉册。

民间用玉较前朝为盛，皇家、官僚及民间均收藏古玉，仿造古玉成风，出现了古玉、时作玉、伪古玉和仿古玉等。

宋代传世古玉较多，如“白玉云雁带环”，长 7.7 厘米，宽 4.9 厘米，重 48 克。长方形，下有一环。通体镂雕鸿雁云纹，长喙圆目，长颈展翅，在云中飞翔。身上羽毛用阴刻线浅雕，姿态优美流畅。背面六对鼻形穿孔，环上饰有云纹。造型新颖，极为精美。

宋代出土古玉很多，滋长了仿制古玉之风。仿制古玉可追溯到商周时期，唐代也有仿制同时代其他质地器形的玉器，但基本上是仿摹同代器形。大量仿制远古时代的玉器，始于宋代，因此，严格意义上的仿古玉应从宋代开始。

绘画性玉器始于宋代，到清代达到辉煌的顶峰。这是绘画艺术与雕塑完美的组合。在中国玉雕史上，花卉形玉器以宋代最为精美。如“玉环托花叶带饰”，直径 6.5 厘米。白玉制作，表面有褐色斑。圆形，多层次，下层为一圆环，上层镂雕花卉，中部两朵花交错，周围饰叶、花，叶上用深、浅两种阴线表现出花叶的筋、脉，图案简练紧凑。左侧近环处露一孔，以备穿带。这是典型的宋代花卉图案，主要特点为花叶简练紧密，花及叶数量不多，用大花、大叶填满空间，图案表面少起伏，叶脉以细长的阴线表现，在透雕的表现方法上注重图案的深浅变化而无明显的层次区分。

宋代实用玉器不仅比唐代品种多，数量也多。文房玉具已不在仅仅是文人把玩的玉件，而是供文人书写的实用玉具。

辽代是中国东北辽河流域由契丹建立的地方政权，长期与汉族相邻，深受中原先进文化的影响，玉器也不例外。辽代肖生玉器以动物造型为主，植物和几何造型很少，这与契丹以游牧经济为主，长期与动物为伍有关。考古发现的辽代玉器较少，种类主要有玉飞天、玉带、玉水盂、玉盒、玉砚、肖生玉器、

玉佩及一些水晶、玛瑙、琥珀制品。其创作题材大多选自日常生活中常见的事物，写实性很强，具有一定的鉴赏价值。

辽代玉器从其所反映的文化特征而言，可分为四类。

其一为具有契丹民族特色的玉器。如臂鞲、项饰、胸饰、臂饰，圆雕熊、海东青、天鹅、雁，首次被用作玉器题材的蝎子、蛇、蟾蜍、猴子、蜥蜴等。如“白玉春水佩”表现的是身型较小的海冬青啄击天鹅脑壳的残酷情景，体现北方游牧民族尚武斗狠、崇尚搏击的民族精神。玉件雕琢较为粗糙，比例不很协调，动物的细部表现欠精细。这正是当时的工艺水平的具体反映。

另一类仿自中原的造型，如玉带、圈足碗、圈足杯，以及龙、凤、鸳鸯、鸟、蝴蝶、兔、龟、鱼、荷花等纹饰或造型。如“和阗白玉雕飞凤佩”。

第三类是具有西方文化特征的玉器，如玛瑙花式碗通高 5 厘米，口径 11.3 厘米，底径 5.7 厘米，六瓣海棠花形口，深腹，圈足，内外壁均有紫红色的斑纹。造型典雅秀丽，质地致密，晶莹剔透。

最后一类源于佛教造型，有飞天、摩竭、海螺、塔、金刚杵、法轮、斧等，如“青玉神像”，端庄沉静，令人肃然起敬。

总之，辽代玉器包含了契丹文化、中原文化、西方文化、佛教文化诸多因素。

金代玉器具有浓郁的时代特色与民族风格。金代玉器之所以繁荣，一是女真族在契丹及北宋地区大量掠夺珍宝，刺激了金代玉器的发展；二学习先进的中原文化，促进了金代玉器的发展；三是金代有较为充足的玉料、玉匠，加速了玉器的发展。“春水玉”和“秋山玉”是金代玉器的代表作。

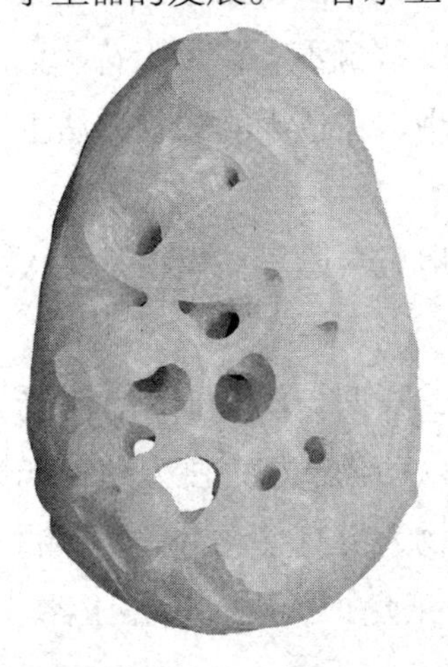

春水玉是反映春季围猎时放海东青捕猎天鹅场景的玉雕。

契丹、女真均是北方游牧民族，渔猎经济占主导地位。春水、秋山原为契丹族春、秋两季的渔猎捺钵活动。契丹族本无定所，一年之中依牧草生长及水源供给情况而迁居，所迁之地设有行营，称为捺钵。女真族建立新政权后，承袭了契丹的旧俗，以狩猎为春秋两季的娱乐活动，并将捺钵渔猎活动改称“春水”“秋山”。这件金代青玉海东青攫天鹅带环长 5.9 厘米、

宽 3 厘米。灰白色，通体镂空，采用分层处理的技法镂雕海东青攫食天鹅的残酷情景。矫健的海东青紧紧啄住天鹅的脑门，海东青和天鹅的细部均用阴线雕刻，富有很强的立体感，器左右两侧均有长方形穿带孔，底部为椭圆形环，鲜活粗放，是典型的金代风格。

秋山玉是表现女真族秋季狩猎时射鹿的情景。在金代，秋捺钵也称伏虎林。场面不像春水残酷无情，而是兽畜共处山林，相安无事，一副宛如世外桃源的北国秋景。

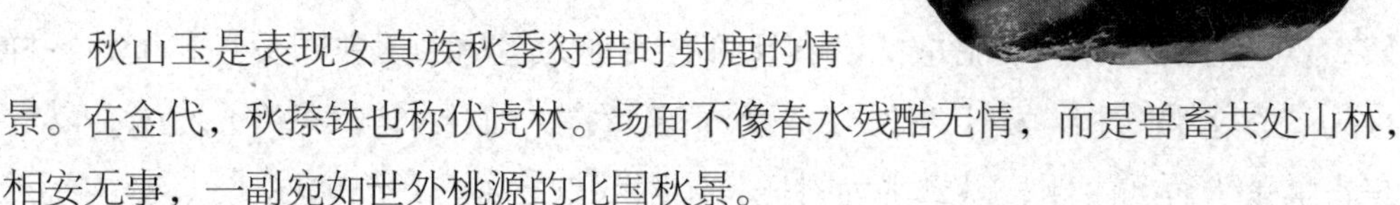

（十七）元代玉器

蒙古在灭掉金国之前，几乎没有琢玉手工业。灭掉金国后，特别是建立元朝后，将首都迁到大都，也就是现在的北京，由于受金文化和汉文化的影响，琢玉手工业才得到很大的发展。

元代琢玉手工业继承汉族传统，学习宋金传统工艺，网罗大批工匠，从事官办手工业生产。

金代沿用宋金玉器传统题材，延续花卉纹，重视螭虎纹，将春水玉、秋山玉进一步世俗化。

螭虎是龙子之一，螭虎纹始于西汉，历代虽有雕琢但不多。而元代的螭虎纹不仅应用得多，而且非常成功，并创造了一代风格。如“玉双螭纹臂搁”，长 10 厘米，宽 3.4 厘米，厚 1 厘米。臂搁为片状，长方形，两端呈“S”状，两侧下卷，正面凸雕双螭衔灵芝图案，背面饰云纹。臂搁又称秘阁、搁臂、腕枕，是用竹子、象牙和玉等材料制成的文房用具。臂搁呈拱形，以竹制品为多。我国古代的书写格式是自右向左，写下一行时，前一行的字迹往往未干。为了防止手臂沾墨和弄脏纸上的字，文人发明了这种工具，写字时将它垫于臂下。一般用去节后的竹筒，分劈成三块而成。此臂搁用玉制成，极为珍贵。

元代朝廷对朝廷用玉十分重视，一方面为了便于在汉族地区进行统治，另一方面也是为了满足蒙古贵族的需要。

元代官办手工业很发达，元朝政府设有管理手工业的机构和官办手工业作

坊。元朝的官办手工业玉作坊以大都为主，那里有金代的琢玉传统。另一个玉作坊设在杭州，那里有南宋良好的琢玉基础。

蒙古族原是塞外的游牧民族，射猎对他们而言，不仅是习武，更是获取生活资源的主要方式。在统治中国之后，蒙古王室依旧保持狩猎的传统。一方面以打猎取乐，另一方面为了习武。

元代一年有两次重要的狩猎季节：春天与秋天。春天到水滨去猎大雁和天鹅，秋天时到山林间去猎取。以春秋狩猎活动为题材的玉雕同契丹和金人一样称为“春水珮”和“秋山珮”。如“元海东青攫大雁玉饰”，高约 8 厘米，以海东青捕杀大雁为主题，以云水为衬托。大雁双翅已垂，颈已弯曲，只剩残喘了。海东青据雁首而立，描写的正是残酷啄杀的刹那间情景，令人惨不忍睹。云水及海东青、大雁，都以极深的镂雕法处理，加强了玉雕的深度，极具立体感。

元代处理公文的玉器有玉玺及玉押。

玉押始于五代，但实物始见于元代。元代百官多为武夫，只能弯弓射箭，不能执笔画押，于是便以象牙、木料制印。而玉印，也就是玉押，只有一品以上高官由朝廷特赐方可使用。

元代玉器形体较大，雕琢技艺炉火纯青，装饰技巧新颖别致，花卉纹、螭虎纹装饰应用得非常成功。玉器的搭配技巧十分熟练。

元代仿古玉器较多，最明显的仿古实物要属玉瓶与玉尊，仿摹对象或为周代青铜尊，或为早期陶瓷贯耳瓶。这为清代玉器大量仿摹青铜器、陶瓷器开了先河。

（十八）明代玉器

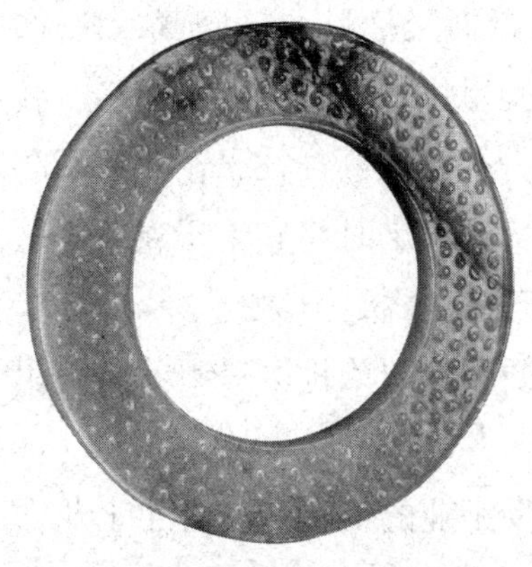

明代的生产力有很大发展，城市手工业、商业都很繁荣。在此前提下，玉器制造业也相当发达。

明代玉雕的趋向是进一步世俗化了。明中期东南一带社会相对稳定，城市繁荣，民间富裕，玉器产量激增，玉琢技艺发展更快，出现了不少琢玉大师。其中以苏州陆子冈最为有名，由他琢

制的玉器称为“子冈玉”，巧夺天工，卓绝千古。

苏州制玉业代表着全国玉器工艺的发展趋势，此期具有代表性的玉器有明定陵出土的玉带钩、玉碗、玉盂、玉壶、玉爵、玉圭、玉佩、玉带等，包括万历皇帝生前的御用玉器和死后的殉葬玉器。其中的玉爵使用了錾金和珠宝镶嵌工艺，更是绚丽多彩。

这只玉爵由金盘和玉爵两部分组成，高 14.5 厘米，金托盘高 1.5 厘米，直径 19.7 厘米，重量 499.5 克。

玉料呈青白色，质地晶莹润泽，杯体略呈椭圆形，流与尾的区分不明显，口沿中部有柱状纽一对，侧面有一雕成爬龙形状的手柄，底部有三个牙形足，形同鼎足。器表以细线刻画仿古纹饰。

承托玉爵的金托盘内饰有凸起的游龙纹，两条五爪金龙飞舞盘旋于九霄云间，作戏珠状。盘正中的金托座呈起伏错落的高山形，山顶设有三孔，用以插入玉爵三足。盘内及托座上均镶嵌各种宝石，红、绿、蓝交相辉映，耀人眼目。

明代市民文艺兴起，推动了玉器的世俗化进程，福瑞吉祥的谐音题材极为风行，这种吉祥图案是为了祈福，反映百姓的美好愿望。如“万”字寓意万寿无疆，桃寓意“寿”，鹿寓意“禄”“高官厚禄”，象寓意“太平有象”，羊寓意“吉祥”，鱼寓意“有馀”，雀鹿寓意“爵禄”，蝠鹿寓意“福禄”，一枝荔枝寓意“一本万利”。这类玉器的代表作有“玉寿鹿山子”，此器高 14.8 厘米，宽 9 厘米。玉料为青绿色，雕立体山林景致。作品下部为山石，上部高树成荫，并结有桃实。树下一老人着长袍立于石上，左手轻抚身旁小鹿，右手持如意，搭在肩上。崖下又有一小鹿，口衔灵芝，仰首面向老人。布局有致，以桃、鹿、如意、老人之造型表现吉祥长寿的主题。此器采用镂雕技法，保留较多的孔洞以表现山石的风化与穿孔。树木枝叶精雕细琢，打磨圆润，具有典型的明代玉雕艺术的造型风格。

明代复古心态严重，促进了仿古玉的发展。明代仿古玉有两类：

一是仿古彝器，造型与汉以前器物接近，追求典雅古朴之美。宫廷仿古玉属此类。如“玉八出戟方觚”，方柱形，分为上、中、下三部分：上部为撇口，粗颈，其外饰阴线琢出的变形蝉纹及双夔纹，四面花纹相同；中部为觚腹，四

面微外凸，饰变形蝉纹，花纹与觚颈纹饰相呼应；下部与上部对称。但稍短，饰变形蝉纹。足下有一周方形榫式座。觚四面的中部各有一道凸起的戟线，戟线分成多节，每一节上有阴线图案。觚的四角饰有镂雕的卷草形装饰，称为出戟。四面及四角出戟者称为八出戟。明代多用觚作为室内陈设，觚内或插如意，或插博古挂件。

二是以假乱真，谋取高利，民间玉市仿古玉多属此类。当时古玉已成为古董，是高价商品。商人为了获取高利，便用劣质玉、掺色玉等廉价玉材制造了大批假古董，玉器数量激增，忽视艺术，精品极少，多与金银宝石镶嵌工艺结合。这是城市商品经济繁荣、玉器生产商品化的结果，也是我国玉文化的新变化。

明代玉器的发展变化是与社会的变化相关联的。从总体上看，明代玉器渐渐脱离了五代两宋玉器形神兼备的艺术传统，形成了追求精雕细琢、装饰唯美的艺术风格。

（十九）清代玉器史

明朝末年，清兵入关后，吴三桂追击南明永历帝到缅甸，从而打通了缅甸翡翠运入中原的通道。

乾隆时期，在西北用兵，又打通了和田玉内运的路线，使和田玉大量涌入内地。

这一切促进了清代玉器工艺的迅速发展，开创了我国古代玉器史上最为昌盛的时代。

顺治、康熙年间战乱频仍，民不聊生，玉器行业处于萧条状态，产量很少，但宫廷用玉仍不乏精品。

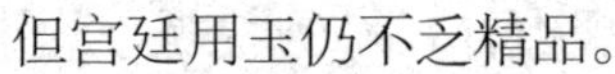

雍正年间经济复苏，手工业大为发展，玉制业也重又崛起了。

乾隆、嘉庆年间为清代玉器的昌盛期。这时，宫廷玉器充斥各个殿堂，各大城市玉肆十分兴旺。民间爱玉之风兴盛，玉器的用途更加广泛，陈设玉器、生活玉器、

玉佩饰、祭祀用玉器、玉偶像、玉文玩、玉用具、镶嵌玉等品类齐全。

清代宫廷玉器做工严谨，一丝不苟。有的碾琢细致，如雕如画；有的在抛光上不惜工本，展示出玉器的温润晶莹之美。

乾隆玉器是清代玉器的代表，有仿古玉和时作玉两大主流，此外还有仿痕都斯坦玉。

仿古玉，一种是仿古彝，即仿商、周青铜器的造型和花纹；另一种是仿汉玉。如南京博物馆收藏的乾隆年间的仿古龙纹玉璧。

时作玉器形制多种多样，图案、做工均极丰富多彩。如“五子登科玉杯”，高 6 厘米，口径 7.5 厘米，足距 3.6 厘米，杯外环立五子，口沿外留出一块未加装饰，以便使用。

仿痕都斯坦玉器的兴起，是由新疆地方大吏搜罗痕都斯坦玉器进贡内廷，得到乾隆皇帝欣赏并下旨仿制之后开始的。痕都斯坦玉也称印度玉，西方称莫卧儿玉，具有阿拉伯风格的造型和花纹。其特点是抛光强烈，器薄如纸，做工精湛。其风格波及北京、苏州、扬州等玉肆，如“佛像碗”。

道光、咸丰年间，战火遍地，内忧外患使国家经济严重受挫，新疆玉贡完全停止，宫廷玉器制作每况愈下，有时甚至停止碾制了。

地方上的玉肆也因原料不足而纷纷倒闭。特别是太平天国起义以及前后两次鸦片战争爆发后，制玉重地苏、扬二州处在战争中心地带，玉器生产受至严重破坏，清代玉作再也没有振兴。

清代是我国封建社会最后一个王朝，对多民族统一国家的形成与巩固作出了巨大贡献。在这一历史背景下，玉器得到了空前的发展，形成了我国古代玉器史上的最高峰，其玉质之美、器形之多、产量之大、使用之广都是历史上任何一个朝代所不能媲美的。

清代玉器以摆件和佩饰最多，也最精美。摆件有仿青铜器的仿古器皿和具有各种吉祥寓意的动物造型。新增的品种有山水、花鸟、玉山子、浮雕图画式的玉屏风等等。玉佩饰的种类更是丰富多彩。此外还有各种玉质的实用器皿，如文房用具。

清代玉器善于借鉴绘画、雕刻、工艺美术的成就，集阴线、阳线、镂空、俏色等多种传统工艺及历代的风格之大成，有着鲜明的时代特点和极高的艺术造诣，为我国古代玉器的发展作出了不可磨灭的贡献。

四、古代著名玉器

“玉齿饰璋”，商代玉器，1986 年于四川广汉三星堆遗址一号祭祀坑出土。

此器长 25 厘米，宽 7.11 厘米，厚 0.64 厘米，栗黄色，一侧经火烧呈鸡骨白色。射前端薄而宽，后端厚而窄，两面扁平，射端刃口呈凹弧形。长方邸，邸前正中有一圆穿。后端两侧有齿饰，与两面齿饰对应处有平行阴线。

商代出现了我国最早的俏色玉器——玉鳖，有了大量的圆雕作品，令人叹服。

俏色是玉器行业中一个通用的专业名词，是指利用玉石本来颜色加工玉器的一种技巧。例如，有五块通体为白色的玉石，上面带有一些红点和黑点，经过玉雕艺人的精心设计，可加工成五只生动活泼的鹅，用玉上的红点作鹅的脑门，黑点作为鹅的眼睛。如果其中一块玉上只有一个黑点，无法制成两只眼睛，艺人就让这只鹅的头向一侧稍歪，做成正在争食状态，只让人看到一只黑眼珠。于是，这件作品便巧妙地运用了玉石本身的颜色。这样制出的玉器被称为俏色玉器，也称巧色玉器。

这件“俏色玉鳖”长 4 厘米，黑背，头、腹、四肢均为白色。俏色利用得生动自然。腹部右上方有一圆孔，可供系挂。

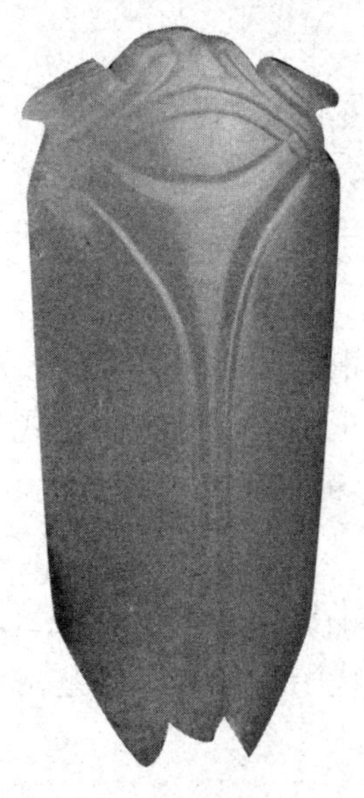

这件玉器利用玉料本身不同的天然颜色，巧妙地雕刻成动物的肤色和器官：玉料的墨色部分做成鳖的背和双目，灰白色部分做成鳖的头、颈、腹和足。

西周玉佩突破了以往多以单体为佩的习惯，开始向组佩方向发展，即由若干件玉璜和一些不同质色的玉管和珍珠串缀而成一套组佩，给人一种光彩夺目和富丽堂皇的新鲜感。

成组佩玉互相撞击，能发出优美的玉声，能让人按一定的规律移动步伐，玉能随人移动而摇动。组佩因此又名叮当、节步和步摇。除上述三点外，组佩还能美化服饰，表示人的等级高。如“三璜双环双玦玉佩”，长约

50 厘米，1993 年于山西省曲沃县晋侯墓地出土，现藏于山西省考古研究所。这件组佩出土时在死者颈部，呈 U 字形摆放，两端为环，环上各放一块，环下各以绿松石珠、玉管、玛瑙珠串连宽玉璜各一块，两玉璜下又各以绿松石珠、玉管、玛瑙珠共同串连一块窄玉璜。玉环素面无纹饰，璜表面饰阴线云纹等。

早在原始社会，璜和璧，尤其是与璧形相类似的环、瑗，就同玉管、玉珠等玉饰件组合在一起，形成组佩的雏形。组佩既有礼玉的性质，又有引人注目的装饰功能。随着结构的复杂化和制度化，组佩逐渐成为权贵身份的象征或标志，在西周礼制中占有举足轻重的地位。西周形成了以多璜组佩为主的佩玉制度，多璜组佩已成为代表大贵族身份的标志。这件三璜双环双玦玉佩即其代表。

湖北曾侯乙墓出土的多节玉佩用十三节玉片组成一套组佩，工艺难度是很大的。

组佩整体为一条巨龙，通体长达 48 厘米，用五块玉料、一个玉环和一根玉锁钉雕成可以活动卷折的十六节。用透雕、浮雕、阴刻等工艺雕成三十七条龙、七只凤和十条蛇，并饰有谷纹、云纹、斜线纹。出土时，此器置于墓主头部，为冠上玉缨，即帽带。第二节玉璧上的云纹采用压地手法，璧的四周攀附四龙，这种形制是战国晚期才广为采用的；第十一节雕成三条蟠龙相连的玉佩状，龙身为 S 形，这是春秋后期在中原开始流行的玉佩造型，十六节玉饰巧妙地把它们用在一条大龙身上；第十二及十三节的玉饰分别由双首相向和双首相背的蟠龙构成，每条龙身上各刻一条龙；第十五节玉饰的两端分别刻有立凤和凤鸟衔蛇图案，这种图案是楚国常见的题材。

此器是战国早期玉器中不可多得的珍品，玉料细润，工艺精湛，分别雕有龙、凤、螭等，并间饰几何纹，集阴刻、浮雕、镂空、接榫、碾磨于一器，工艺复杂，难度极大，表现了战国早期高度的治玉水平。

汉代人认为玉石能使尸骨不朽，所以用于丧葬的玉器在汉玉中占有重要的地位。葬玉主要有玉衣、玉九窍塞、玉琀和握玉。玉衣是汉代皇帝和高级贵族死时穿的殓服，外观和人体形状相同。完整的玉衣由头罩、上衣、裤筒、手套

和鞋五部分组成。每部分都由许多小玉片编成，根据等级的不同，用于编缀玉片的分别为金缕、银缕或铜缕，个别还有用鎏金铜缕或丝缕编连的。满城汉墓所出的两套金缕玉衣是考古发掘中第一次发现的保存完整的汉代玉衣。其中中山靖王刘胜的金缕玉衣用一千多克金丝连缀 2498 块大小不等的玉片，由上百个工匠花了两年多的时间才完成。整件玉衣设计精巧，做工细致，是空前绝后的艺术瑰宝。王妃窦绾的玉衣共用玉片 2160 片，金丝重 700 克。

金缕玉衣体积大，结构复杂，经过精心设计制成，制作所费的人力和物力十分惊人，是汉代治玉工艺高度发展的产物。

魏晋南北朝的陈设玉器有玉辟邪、玉瑞兽等，如“南北朝玉辟邪”，高 4.7 厘米，长 3.3 厘米，宽 1.2 厘米。圆雕，呈蹲踞形。昂首，双角后垂，张口露齿，颔下长须齐胸，细颈，挺胸，身有双翼，长尾上卷，前足伸出，后足曲踞。两颊间横穿一孔，供穿挂用。我国古代传说辟邪为神兽，可除群凶。

唐代玉制器皿极多，其中最为优秀的有“青玉四逸图椭圆杯”。此杯似觞无耳，底部有很小的圆柄形足，杯上用阴线刻出四位高人，宽衣博带，坐于毯上，分两组相对而饮：一组刻身体肥胖的在挽袖舀酒，瘦削长须者举觞畅饮；一组刻一人右手执杯，与对面趺坐者相对而语。两组均有童子服侍。“玉鱼莲坠”，宋代玉器，长 6.2 厘米，宽 4 厘米，厚 0.6 厘米。鱼头较小，长身无鳞，鱼身弯成弧状，昂首，尾向上翘，鳍短而厚，计六片，上有细阴线。鱼身上伴一荷叶，长梗弯曲，盘而成环，可穿系绳。西周以后鱼类玉器数量锐减，唐代渐多，宋代佩鱼之风大盛，出现了较多的玉鱼，或与荷莲、茨菰相伴，或仅为单鱼，或无鳞，或饰横向水线，或饰网格纹。此风一直延续到元、明、清三代。“玉鱼莲坠”寓意连年有余，是吉祥图案。

由于受玉材及雕琢技艺的限制，中国玉器一向小巧玲珑，因而常被划入古玩类，其科学艺术及历史价值常被忽视。中国玉雕史上第一件真正的巨型玉雕为元代酒具“渎山大玉海”，口长 182 厘米，宽 135 厘米，腹深 55 厘米，重 6500 千克。

“渎山大玉海”又称“玉瓮”，是巨型贮酒器。元世祖忽必烈于 1265 年令皇家玉工制成此器，表示元帝国版图之辽阔，国力之强盛。

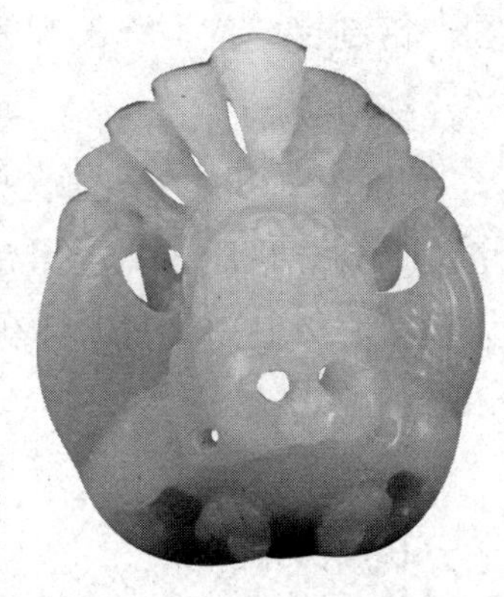

此器玉料取自新疆，是玉器发展史上里程碑式的作品。此器继承和发展了中国琢玉工艺上量材取料和因材施艺的传统技巧，在俏色方面也有独到之处。它是由一整块黑质白章的椭圆形大块南阳独山玉精雕而成，玉质斑驳，玉瓮内部掏空，空膛深 55 厘米，体外周身饰有波涛汹涌的大海图案，下部以浮雕加阴线勾刻的手法表现波浪，上部以阴刻曲线勾画漩涡作底纹。周身浮雕海涛中的龙、鹿、猪、马、犀、螺等，形体各异，神采俱佳。海龙下身隐于水中，上身探出水面，张牙舞爪，戏弄面前瑞云托起的宝珠。鹿、猪、马、犀遍体生鳞，游戏水中。

此器采用浮雕和线刻相结合的表现手法，既粗犷豪放，又细致典雅，动物造型兼具写实气质和浪漫色彩。

底座与玉瓮的玉质、玉色、雕刻风格浑然一体。该器不仅形体巨大，气度不凡，而且雕工极精，利用玉色的黑白变化来勾勒波浪的起伏、表现动物的眉目花斑，可谓匠心独运，技艺高超。

明朝中期的玉器趋向简略，出现了具有文人色彩的玉器，如“青玉松荫策杖斗杯”。此杯高 6.8 厘米，口径 13 厘米，足径 9.4 厘米，呈方斗形，平底。内壁光素，外壁浅浮雕一老人策杖漫步于松林之中。身后山石横卧，古松参天。有阳文草书七绝一首：“策杖穿林路几重，禅家清磬隔云封。再来只恐无寻处，好记悬崖一古松。”末署“梅道人戏作”。器底阴刻乾隆皇帝御题楷书五言律诗一首。此器备受乾隆皇帝喜爱，视为宫中珍宝。

清代玉工善于借鉴绘画、雕刻、工艺美术的成就，集阴线、阳线、平凸、隐起、镂空、俏色等多种传统工艺及历代艺术风格之大成，又吸收外来艺术影响并加以糅合变通，创造出工艺性、装饰性极强的玉器，有着鲜明的时代特点和高超的艺术造诣，《大禹治水图玉山》即其代表作。此器高 224 厘米，宽 96 厘米，座高 60 厘米，重 5000 千克。是世界上最大的玉雕作品，也是我国的瑰宝。

此器用新疆和田青玉制成，雕有峻岭、瀑布、苍松。在山崖峭壁上，成群结队的劳动者正在开山治水。正面中部山石上刻有乾隆皇帝阴文篆书“五福五代堂古稀天子宝”十字方玺，背面上部阴刻乾隆皇帝《题密勒塔山玉大禹治水

图》御制诗一首，下部刻篆书“八徵耄念之宝”六字方玺。底座为嵌金丝山形褐色铜铸座。

此器由当时两淮盐政所辖的扬州工匠雕制而成。巨型玉料从新疆和田密勒塔山运到北京后，乾隆皇帝钦定用内府藏宋人《大禹治水图》画轴为稿本，由清宫造办处画出大禹治水纸样，由画匠贾全在玉料上临画，再做成木样发往扬州雕刻。

玉料于乾隆四十六年（1781 年）运往扬州，至乾隆五十二年（1787 年）雕成，共用六年时间。

乾隆五十三年，乾隆皇帝又命宫中造办处如意馆刻玉匠朱泰将乾隆御制诗和两方玺文刻上。

此器通过颂扬大禹治水的功绩，表达了乾隆皇帝师法古代圣王、为天下苍生谋求幸福之心。

五、玉器的保养

新购玉件应在清水中浸泡几小时后，用软毛刷或牙刷清洗，用干净的棉布擦干后再佩戴。

佩件要用清洁柔软的白布擦拭，不宜用染色布和纤维质硬的布料。

镶有钻石、红蓝宝石、祖母绿的玉首饰，也只宜用干净的白布擦掉油脂、尘埃、杂质、湿气或汗液，这样有助于保养。

尽可能避免灰尘附着在玉件上。日常摆设的玉器如有灰尘时，宜用软毛刷清除；如有污垢或油渍附于玉面，应以温淡的肥皂水刷洗，再用清水冲净，切忌使用化学除油剂。若尘垢难以清除，可请生产玉器的专业工厂或公司用专门的超声波清洗。

玉器要避免阳光曝晒，因为玉遇热后会膨胀，分子体积会增大，会影响到玉的质地和色泽。芙蓉玉、水晶、玛瑙受高热后会爆裂，更忌接近热源。

玉器应避免与硬物碰撞。玉的硬度虽高，但玉器受硬物碰撞后很容易产生裂纹，有时虽然肉眼看不出裂纹，但玉表层内部已有暗裂纹了，这就大大有损于玉器的完美和经济价值了。

玉佩等悬饰物应经常检查系绳，防止丢失或摔损。

洗洁剂、肥皂、杀虫剂、化妆品、香水、美发剂等化学剂会给玉器带来损伤，如不小心沾上化学剂，应及时擦掉后再认真清洗，以免损伤玉器。

汗液带有盐分、挥发性脂肪酸及尿素等，玉器接触汗液后会受到侵蚀，使外层受损，影响本有的鲜艳度。尤其是玻璃地翡翠、羊脂白玉更忌汗液。羊脂白玉若过多接触汗液，容易变成淡黄色。

玉质要靠一定的湿度来维持，尤其是水胆玛瑙、水晶类的玉器。水胆玛瑙里面在形成时期就存有天然水，若周围环境太干燥，里面的天然水就会蒸发，从而失去收藏价值。

玉器每隔一段时间要进行一次清洗。

佩挂玉件不用时要放好，最好放进首饰袋或首饰盒内，以免擦花或碰损。如果是高档的翠玉首饰，更不可放在柜面上，以免积染尘垢，影响亮度。

古代瓷器

中国直到东汉时期才烧制出成熟的瓷器，这是我们祖先为世界文明史作出的重要贡献。唐代烧造的白瓷胎釉白净如雪，标志着白瓷的真正成熟，北方邢窑白瓷风靡一时。宋代是我国陶瓷发展史上的第一个黄金时代，宋代著名窑系除了为数众多的民窑外，官廷还建立了汝窑、钧窑、哥窑等官窑，生产了大量精美的瓷器。元代景德镇窑取得的巨大成就为明清两朝制瓷业的高度发展奠定了基础。

一、说　瓷

瓷器的瓷原指瓷石，因为瓷器是瓷石制成的器物，所以称为瓷器。

瓷石是制瓷原料，它是由花岗岩长期受热液作用和风化作用所形成的，主要成分是石英和绢云母。瓷石呈致密块状，外观为白色，无光泽，也无明显纹理。由于它是石头，必须先用水碓粉碎，然后才能加水调和，制成各种人们所需要的形状。

瓷石粉碎后也称瓷土，是制作瓷器的最主要的原料，除石英、绢云母外，还含长石、三氧化二铝等硅酸盐岩矿物。

瓷石是天然的制瓷原料，在1200℃—1250℃的温度下可以单独烧成瓷器。

后来，人们在景德镇发现了高岭土，将其掺入瓷土中，提高了铝的含量，使瓷胎可以耐受1280℃—1300℃的高温，从而加强了瓷胎的坚固性。将高岭土掺入瓷土中，是烧制大型瓷器的必要条件。

高岭土因最早发现于江西省浮梁县高岭村而得名，质纯的高岭土白度高，质软，易分散悬浮于水中，有可塑性、黏结性、电绝缘性、抗酸溶性、耐火性等物理性质和化学性质。

高岭土是由云母和长石变质后，钠、钾、钙、铁流失，再加上水所形成的。这种作用称“高岭土化”。

纯粹的高岭土没有黏土那样强的黏度。纯粹的高岭土存量不多，熔点约在1780℃左右。

一般高岭土熔点略有降低，因其含有不纯物质，如未变质的长石、石英、铁矿及其他岩石碎片。一般的高岭土放在显微镜下观察，大部分带有白色丝绢状的光泽，银光闪闪，是非常小的结晶。

只用瓷石烧制瓷器称“一元配方”，用瓷石和高岭土烧制瓷器称“二元配方”。

安徽繁昌县的繁昌窑早在五代时期就已经

使用二元配方烧制瓷器了。在二元配方中，瓷石占 70%—90%，高岭土占 10%—30%。这种配方至今仍在使用。

高岭土与水结合形成的泥料在外力作用下能够随意变形，解除外力后，其形状仍能保持不变，这就是可塑性。可塑性是高岭土在瓷器成型工艺中的贡献。

目前，我国高岭土矿点有七百多处，较为分散。其中煤系高岭土主要分布在我国北方，在东北、西北以煤层中夹矸或单独矿层形式存在。我国是产煤大国，大型煤矿都伴生有煤系高岭土，储量十分丰富，但品位不高。大多数煤系高岭土需经煅烧，改变其天然的局限性。高岭土选矿主要包括除砂、除铁、除硫等项目。

煤系高岭土属于煤的伴生矿，难以大规模开采。

我国非煤系高岭土与煤系高岭土储量相当，绝大多数为管状高岭土，黏度大。

我们的祖先十分聪明，硬是用瓷土混入这些黏度很大的高岭土制出了精美的瓷器，他们运用的是下列工艺：

1.练泥：从矿区采来瓷石，经水碓舂碎舂细，经过淘洗除去杂质，沉淀后制成砖状泥块，然后再用水调和砖状泥块，去掉渣子，用手揉或用脚踏，把泥块中的空气挤出，并使泥块中的水分分布均匀。

2.拉坯：将泥团摔在辘轳车的转盘中心，用手将其拉成坯体的大致模样。

3.印坯：印模的外型是按未来瓷器的内型旋制的，将晾至半干的坯体扣在模上，均匀地拍按坯体外壁，使其内壁与未来瓷器的内部形状相同，然后脱模。

4.利坯：将坯体扣在辘轳车的利桶上，转动车盘，用刀旋削坯体外壁，使坯体外壁与未来瓷器的外部相同，厚度要适当，表面要光洁。

5.晒坯：将加工成型的坯体放在木架上晾晒。

6.刻花：用竹、骨或铁制的刀具在已干或半干的坯体上刻画出花纹。

7.施釉：普通圆口瓷器采用蘸釉法或荡釉法：前者是将坯体浸入釉盆里，当口沿与釉面平齐时立即提出；后者是将釉浆注入坯体腔内晃动，使上下左右均匀着釉，然后迅速倒掉多余的釉浆。

琢器或大型圆器用吹釉法，其法是将竹筒蒙上细纱，蘸釉后用嘴吹喷，如此反复多次，坯面会淋上厚度均匀的釉层。

圆器指通过拉坯方法成型的圆形器皿，如碗、盘、碟等，而成型工艺较为复杂的器皿，如瓶、尊、壶、罐则称琢器。

8.烧窑：将做好的瓷胎放入瓷窑中烧制成瓷器，时间约一昼夜，温度在1300℃左右。烧窑前要先砌好窑门，再点火烧窑。烧窑的燃料要用松柴，点火后要由技术指导随时测看火候，掌握窑温变化，并决定停火时间。

在高温下，瓷泥又变成坚硬的石状物，但它与天然瓷石已经不可同日而语。这些坚硬的石状物里面已经融入人类的智慧和匠心。

二、中国瓷器种类

中国瓷器种类繁多，可分为匜、洗、尊、碗、盏、杯、盘、壶、罐、盆、瓶、炉、盒、枕、碟等。

（一）匜

匜是古代盥洗用具，造型多为圆形，口前有较宽的出水部分，称为“流”。有的匜有平底，有的匜有圈足。匜多为青铜器，瓷匜最早见于汉代，其后历代多有烧制者。元代景德镇烧制的蓝釉描金匜、蓝釉白花匜、釉里红雁纹匜均为稀世之宝。

（二）尊

尊分为两种：一种用于盛酒；一种用作陈设用器，即摆件。尊的造型为敞口，粗颈，深腹，圆底，圈足。商代有原始青瓷尊；北朝有青釉仰覆莲花尊，形体高大精美，纹饰富丽；宋代以后瓷尊盛行，如汝窑三足尊、出戟尊等；清代景德镇窑生产的瓷尊品种极其丰富，有太白尊、观音尊、马蹄尊、牛头尊、鱼篓尊、苹果尊、石榴尊、络子尊、萝卜尊等。

（三）洗

瓷洗分为两种：一种是生活用洗，一种是文房用洗。生活用瓷洗相当于现代的洗脸盆，最早见于西晋，敞口，宽折沿，阔腹直壁，平底，沿和心多刻水波纹。文房用瓷洗可涮笔和贮存磨墨用水，宋代以后各朝均有烧制，如仿古铜器式样的青釉双鱼洗、鼓钉洗、单柄洗、圆洗、莲花洗、桃式洗、葵瓣洗、叶式洗等。

（四）碗

瓷碗一般多为敞口，深腹，平底或圈足，但造型往往多种多样，如六朝的青釉莲瓣纹碗、唐代的越窑海棠式碗和邢窑的釉花口碗，以后又出现了折腰碗、斗笠碗、卧足碗、敦式碗、盖碗等。六朝指西晋、东晋、（刘）宋、（萧）齐、（萧）梁、（陈）陈。

瓷碗还有下列品种：

1. 盏

盏是碗的一种特殊样式，为饮茶器。敞口，斜身，深腹，圈足，体形略小。宋代有黑、白、酱、青、白和青白等釉茶盏，以黑釉为贵，而兔毫盏、玳瑁盏尤为上品。

2. 注碗

注碗是温酒器，与注子（酒壶）配套使用。注碗壁直而深，有的通体呈莲花状。温酒时碗内先放热水，再将盛酒的注子置于碗中。宋代南北瓷窑均烧造注碗，而尤以南方为多。

3. 宫碗

宫碗的口沿向外撇，腹部又宽又深，圆圆的，造型端正，多为皇宫用器。明正德（明武宗朱厚照年号，1506—1521 年）年间烧制的宫碗最为有名，人称“正德碗”。

4. 茶船

茶船是放茶盏的大碗，因形状似船，故名“茶船”。明清时景德镇窑曾烧制一些仿官釉茶船、青花茶船和粉彩茶船。

（五）盘

盘分为两种：盛水果的盘和盛菜肴的盘。盘的尺寸大小不一，形状多种多样，有敞口、撇口、敛口、洗口、卷沿、板沿、折腰式、葵瓣式、荷叶式、方形转角式和花形攒盘式等。

六朝曾出现刻有莲花纹饰的盘子，以后又出现了白、黄、红、绛、绿、紫等单色釉的盘子，也有在单色釉上饰以印花、刻花和划花纹饰的。明清两朝，景德镇窑又烧制了斗彩、五彩、粉彩、红绿彩、矾红彩的盘子。高足盘的一般造型是洗口，盘心平坦，盘下面有喇叭形高足。最早的高足盘是隋代的青釉高足盘，多在盘心印图案或花纹。明清两朝，景德镇窑大多烧制青花盘和釉上彩高足盘。攒盘是盛放干鲜果品的，由一定数量、各种式样的小盘拼成一个多格的大盘，流行于清代康熙年间，以素三彩和五彩攒盘为多，有圆形攒盘、六方形攒盘、八方形攒盘、叶形攒盘、牡丹形攒盘、梅花形攒盘、莲花形攒盘、葵花形攒盘、菱花形攒盘等。

（六）杯

杯分为多种：

1. 羽觞

羽觞是古代饮酒器，椭圆形，浅腹，平底，腹两侧置半月形双耳，也称耳杯，有的有饼形足或高足。东汉时有绿釉羽觞；两晋时有青瓷羽觞；南北朝时羽觞数量减少，形状如两端微尖略上翘的船形；明末清初时期羽觞十分流行，多为青花瓷器。

2. 高足杯

高足杯是饮酒器，杯身小，下面有高足，故名“高足杯”。明代景德镇窑曾烧制青花高足杯、斗彩高足杯、宣德（明宣宗朱瞻基年号，1426—1435 年）青花海水红龙纹高足杯、成化（明宪宗朱见深年号，1465—1487 年）斗彩缠枝莲纹杯和葡萄纹高足杯，而清代以青花高足杯居多。

3. 压手杯

压手杯是明朝出现的一种式样，杯口平而外撇，腹壁近于竖直，下腹壁内收，圈足。握在手里时，微微外撇的口沿正好压在手上，故称“压手杯”。分量轻重适度，体积大小适中，是明朝永乐（明成祖朱棣年号，1403—1424 年）年间的名贵酒器。杯身绘青花缠枝莲，杯内心有“永乐年制”篆字款，款式有花心杯、鸳鸯心杯、双狮戏球杯三种。

4. 高士杯

高士杯是明成化斗彩杯之一，是饮酒器，杯沿微撇，直口，口以下渐收，浅圈足，造型小巧而丰满。杯身多绘文人行乐图，如王羲之爱鹅图、陶渊明爱菊图等。

5. 三秋杯

三秋杯是明成化斗彩杯的一种，敞口，浅斜式腹壁，圈足，杯身以秋菊、蝴蝶、野草组成画面，故称三秋杯。色彩以青花色勾勒菊花、飞蝶和野草的轮廓，以鹅黄色、紫红色和姹紫色点染花蕊和飞蝶。杯形秀丽轻巧，画面素洁高雅，为明朝瓷器中的珍品。

6.爵杯

爵杯是酒器，仿青铜器造型，口沿外撇，圆腹略深，前尖后翘，下有三高足，口沿两侧有对称的立柱，一旁有鋬。明清两朝均曾烧造，有青花爵杯、白釉爵杯、蓝釉爵杯和粉彩爵杯等。

（七）瓶

瓶分为两种：一是盛酒器，二是陈设器。唐代越窑青釉瓶和邢窑白釉瓶工艺精湛，釉色纯正。宋代南北各地瓷窑大量烧制青、白、黑、青白、白地黑花、白地褐花、三彩和黑地铁锈花等瓷瓶，造型有玉壶春瓶、梅瓶、双鱼瓶、蟠龙瓶、瓜棱瓶、葫芦瓶、橄榄瓶、筋瓶、净瓶、卷口瓶、盘口瓶、直径瓶、穿带瓶、弦纹瓶、胆式瓶、多管瓶、贯耳瓶等。元代烧制的八方瓶、四系扁瓶极具特色，明代的天球瓶、宝月瓶、葫芦扁瓶、象耳折方瓶、鹅颈瓶、蒜头瓶大放异彩，清代的棒槌瓶、柳叶瓶、凤尾瓶、象腿瓶、灯笼瓶、双陆瓶、转心瓶、转颈瓶独出心裁，各领风骚。

（八）盒

盒是一种盛器，盛食物、药品、化妆品、印泥

和用具等，由盖、身、底组合而成，盖与身有子母口，也有造型如抽屉的。按用途分，有食品盒、香盒、粉盒、药盒、镜盒、油盒、黛盒、印泥盒、文具盒、棋盒等。造型有圆形、长方形、八角形、瓜形、石榴式、桃式、双鸟式、方胜式、银锭式、朵花式、镂空式、委角式、菊瓣式、筒式等，也有在大盒内套小盒的子母盒和多节套装的套盒。我国唐代以后各地广为烧制，尤以宋代景德镇窑烧制的青白釉盒产量最大，盒底多印有作坊标记。

（九）罐

罐按功用可分为盛放东西的容器和烹煮食物的炊具两种；按容量可分为大罐和小罐两种，如米罐和蟋蟀罐。罐的造型大多是口径大，腹宽而深，胫部内收，大底足。明清时期景德镇烧制了多种式样的瓷罐，如瓜棱罐、冰梅罐、月牙罐、折方罐、鸡心罐、天字罐、撞罐、蟋蟀罐、鼓式罐等，有青釉罐、白釉罐、青花罐、五彩罐、粉彩罐、斗彩罐等，纹饰既精致又华美。

（十）壶

壶分为两种：一是无流无柄壶，二是有流有柄壶。汉魏六朝时期，瓷壶开始流行，早期壶由口、颈、腹、足构成，有的加双耳，无流无柄。六朝后在壶的腹部加流和曲柄，如西晋的鸡首流、羊首流，唐代的短颈管状流、八方流，宋代细长而弯曲的流。柄的造型有龙柄、凤柄、管形曲柄、曲带式柄等。西晋的扁壶、鸡头壶、唾壶，唐代的凤头壶、皮囊壶，辽代的鸡冠壶、马镫壶等均为壶中精品。

（十一）炉

焚香用具，分生活燃香用具和佛前供器两种。造型多种多样，有鱼耳炉、

鼓钉炉、乳钉炉、莲瓣炉等，以明宣德青花海水纹双耳三足炉为上品。

（十二）灯

灯是古代照明用具，分油碗灯和蜡烛灯两种：

1.油碗灯

油碗灯造型特点是上为油碗，中间承以支柱，下有底盘，盘下有足。灯柱样式较多，有筒形、螺旋形、兽形等。

2.蜡烛灯

蜡烛灯始于明清时期，景德镇烧制的青花蜡烛灯和彩绘高足蜡烛灯一般上有金属扦，用以插蜡烛，洗式小扦盘下接长柄，中间承以洗式托盘，下面再接高圈足。

（十三）枕

枕分为三种：生活用枕、医用脉枕、殉葬用尸枕。

唐枕形体较小，以长方形为多。宋枕因南北窑广为烧制，品种渐多，产量大增，造型丰富多彩，有长方枕、八方枕、腰圆枕、椭圆枕、云头枕、花瓣枕、银锭枕、鸡心枕等，还有制成婴孩、仕女、伏虎、双狮等形状的。宋枕以磁州窑所产数量为多，彩绘生动，充满生活情趣。元代瓷枕的枕身增加了长度，有长达 40 厘米以上者，非常大气。瓷枕枕底一般有作坊标记，为我国古瓷科研提供了宝贵的资料。

（十四）碟

碟也称小碟、浅碟。芒口，浅腹，矮圈足，底平面微内凹，外底心稍突出，略呈乳头状。有的涂釉，有的没有上釉。器物的外腹壁印有草叶纹、莲瓣纹或凤鸟纹。

三、中国瓷器史

（一）原始青瓷

中国直到东汉时期才烧制出成熟的瓷器，这是我们祖先为世界文明史作出的重要贡献。

在我国原始社会新石器时代末期，我们祖先就烧制出胎质灰白、器表无釉、火候较低的器皿了。这就是灰陶。

到夏代时，随着社会的发展和工艺水平的提高，我们的祖先又在瓷土中掺入一定量的长石、石英等成分，从而烧制出一种胎质呈白色、质地比较坚硬的器皿。这已不同于陶器，而接近于原始青瓷了。由于器表无釉，人们称之为“原始素烧瓷”。

在商周时代，我们祖先造出了一种青釉器。这种青釉器胎色灰白，结构坚密，火候高，硬度大，叩击时能发出铿锵的金属声。这种青釉器的表面涂了一层青色或黄绿色的玻璃质高温釉，与一般陶器极不相同，其胎质、釉料、烧成温度、吸水性能及物理性能等各项数据都说明它已具备了瓷器的标准条件。如“商原始青瓷尊”，河南省郑州二里岗出土，现藏于中国历史博物馆。此尊高 2.5 厘米，口径 18.3 厘米，大口，宽沿外卷，方唇，颈内收，折肩，深腹，圆底微内凹，肩与腹部拍印小方格纹，胎质青灰，器表涂一层发亮的釉。此尊造型规整，火候高，轻击时可发出金石声，是商代原始瓷器中的精品。

又如“西周原始青瓷盘”，江苏省金坛县出土，现藏于镇江市博物馆，高 4.5 厘米，口径 14 厘米，底径 6.3 厘米，敞口，浅腹，壁略鼓，平底，盘内壁饰弦纹，盘外素面，器表涂青黄釉，釉又薄又亮，表现出西周原始瓷器的造型与施釉工艺的较高水平。

这一部分瓷器用高岭土做胎，一方面提高了烧成温度，使胎质坚不渗水；另一方面也使胎子的颜色由深变浅，提高了洁白程度。器表涂一层用草木灰和

瓷石配合而成的高温釉，经过1200℃以上的高温烧制而成，胎釉结合在一起，使器物具备了瓷器的条件。

原始青瓷所涂的釉是用石灰石加黏土配成的，在氧化气氛中烧成。因为含铁元素，所以呈青绿、黄绿、灰绿、褐绿等色。

这种青釉器就是我国最早的青瓷。这种青瓷的胎料可塑性较小，造型比较单调，胎料中杂质尚多，胎体颇多裂纹，釉色也不稳定，与后期成熟的瓷器比较带有明显的原始性，因此人们称之为“原始青瓷”。

这时，制陶工具改善了，工艺水平提高了，人们对制陶原料有了进一步的了解，因此才能烧出初步达到瓷器标准，但在某些方面尚不够完善的原始青瓷。

商周时期是我国从陶器过渡到瓷器的渐进阶段，也是原始青瓷的发生发展阶段。

当时，青釉器制作工艺水平低下，胎中还是有一定量的铁成分，在略低的温度中烧结，颜色较深，透光性较差，还具有一定的原始性。

（二）东汉青瓷

东汉晚期，我国终于出现了青瓷。

浙江一带蕴藏着丰富的瓷土矿，距地表不深，易于开采，风化程度低的含有部分长石，风化程度高的则含有较多的高岭土。用这种瓷土作为主要原料制成的瓷胎含铁量较高，适于烧制瓷器。高价铁在烧制时被还原为低价铁，低价铁的助熔作用很强，有助于瓷胎在较低温度下烧成瓷器。

这时，陶车上出现了瓷质轴顶碗，一经外力推动，即可使轮盘做快速而持续的旋转。

设备改进了，瓷器的质量和产量都提高了。这时的青瓷质地细密，透光性好，吸水率低，用1260℃—1310℃高温烧成，胎和釉结合得相当牢固。青瓷表面涂釉，釉层透明，晶莹润泽，清澈淡雅，秀丽美观。

接着，黑釉瓷器也出现了。这种新产品是在青瓷的基础上发展起来的，惹人喜爱。

青瓷的呈色剂是铁元素，经高温烧制后，呈青绿色或青黄色，因此称为青瓷。如果在工艺技术上设法排除铁的呈色干扰，就成为白瓷了；反之，如果加重铁釉着色，便成为漆黑闪亮的黑瓷了。

东汉青瓷在造型和装饰上与原始青瓷很相似，但在胎釉的化学组成以及烧成温度等方面则有本质上的区别。

东汉青瓷胎质致密坚硬，胎色多为灰白或淡青灰色，瓷化程度较高，敲击时发出的声音十分清脆。釉层均匀，胎釉结合紧密，釉面匀净，如“东汉人形灯”，高 47.8 厘米，灯碗呈浅盘形，灯座塑成一个巨人形象，双眼和鼻子刻画得栩栩如生，口部刻成方孔，胸前抱着一只硕大的老鼠，十分有趣。巨人的双肩、双手和双腿均趴着许多老鼠。灯背面在釉下刻着“吉祥”二字。又如“五联罐”，主体是一个侈口直颈大罐，颈部较长，在肩部四周黏结四个同样的小罐，器形特殊，显示了高超的工艺水平。这些瓷器均为当时青瓷的精品，是东汉瓷器的代表作。

（三）三国两晋南北朝瓷器

三国两晋南北朝是中国历史上战乱频仍的大动荡时期，南北制瓷业的发展极不平衡。南方瓷器精品仍时有出现，如“三国青瓷薰炉”，1991 年 8 月于湖北省鄂钢饮料厂一号墓出土，现藏于湖北省鄂州市博物馆。此炉高 25 厘米，腹径 44 厘米，口径 28 厘米，底径 29 厘米。此器分为两部分，上为薰，状如碗；下为炉，状如簋。薰和炉可分开使用，也可相叠同时使用，为青瓷器中少见之名器。

在相对比较安定的南方，以浙江越窑为中心，继承并发展了东汉青瓷的成就，被称为“六朝青瓷”。

东起沿海的江、浙、闽、赣，西到长江中上游的两湖、四川，都烧出了具有地方特色的瓷器。其中以越窑发展最快，分布最广，瓷器质量最高。其窑场分布在浙北、浙中和浙南地区，分别是唐代德清窑、越窑、瓯窑和婺窑的前身。

如“西晋越窑青釉双系鸡头水盂”，高 5.8 厘米，直径 10.8 厘米，造型可爱，像一只小鸡卧在地上，为西晋典型瓷器。又如“东晋青瓷虎形烛台”，1958 年于浙江省永嘉县礁下山永和十年墓出土，现藏于浙江省温州市博物馆。此器高 30.1 厘米，长 12 厘米，口径 3.7 厘米，呈虎形，四肢伏地，昂首瞪眼，双耳竖立，微露虎牙，尾巴上翘，呈猛虎守卫烛台之态。虎背上耸立一支烛管，竹节形，又高又稳，造型新颖，别开生面。

从西晋末年开始的一百多年间，北方一带兵连祸结，经济凋敝，手工业衰落，瓷器生产委靡不振。

北魏太武帝统一中国北部后，确立了南北分立的局面。北魏孝文帝实行均田制，农业得以恢复发展，手工业也复兴了。这时，河北、河南一带成了北朝青瓷的中心产区，瓷器又获得了新生。

北齐时期，白瓷出现了。早期的白瓷胎料细而白，但未上护胎釉。后来，上了护胎釉，釉色乳白，釉层薄而滋润，如“北齐白釉莲瓣纹罐”，高 19 厘米，口径 7.5 厘米，腹部呈圆鼓形，下有圈足，口颈适中，肩有四系，提时既平稳又方便。

白瓷的出现为制瓷业开辟了一条广阔的道路，有了白瓷才有影青、青花、釉里红，才有斗彩、五彩、粉彩等琳琅满目、色彩缤纷的彩瓷。白瓷的发明是中国瓷器史上的一个里程碑。

黑瓷产地源于南方，东晋之后北方也开始了黑瓷的烧制。黑瓷釉色漆黑光亮，瓷胎坚硬，又细又薄，制作规整。

青瓷、白瓷、黑瓷的出现标志着北方制瓷手工业的蓬勃发展，从而为唐宋北方名窑的普遍出现奠定了基础。

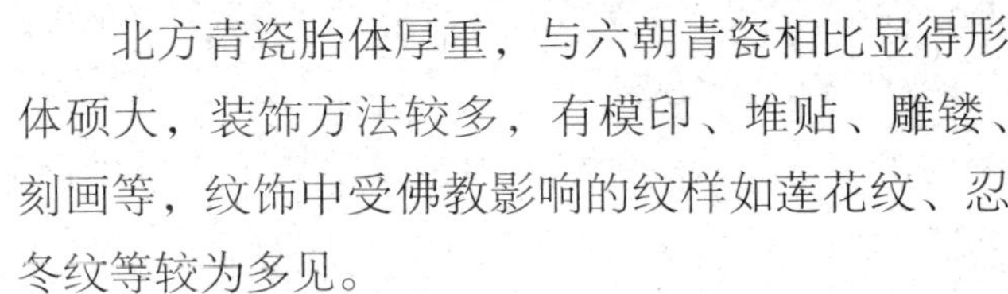

北方青瓷胎体厚重，与六朝青瓷相比显得形体硕大，装饰方法较多，有模印、堆贴、雕镂、刻画等，纹饰中受佛教影响的纹样如莲花纹、忍冬纹等较为多见。

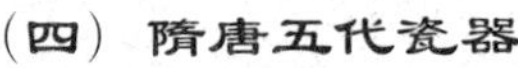

（四）隋唐五代瓷器

隋文帝统一中国后，促进了经济、文化的发

展，开始了一个新的历史时期，瓷业在黄河南北发展起来，成为唐、宋瓷业大发展的基础。隋瓷出现了大量精品，如“隋安阳窑青瓷弦纹四系罐”，现藏于陕西历史博物馆，高 18.7 厘米，口径 10.4 厘米，底径 9.9 厘米，圆口微侈，鼓腹，平底。肩有四系，肩、腹有两组带状纹。青釉涂至腹下，底足无釉，釉面略呈黄色，整体造型古朴庄重。

青瓷虽然是隋代瓷器的主流，但白瓷与北朝相比也有了较大的进步。这时的白瓷胎质更白了，釉面光润，胎釉无泛青、闪黄的现象。

隋代瓷器在瓷胎上采用白色化妆土，上釉之前精选含铁成分少的白瓷土细密地挂在坯上，避免了瓷器烧成后胎体表面粗糙、坯面出现孔隙和胎体颜色不美等弊病，增强了釉色透明莹润的质感。白瓷釉色透明度的提高和呈色的稳定是隋代制瓷技术的重要成就之一。

唐代青瓷在隋朝基础上又有了进一步的发展，以越窑和长沙窑最为著名。唐代早期越窑瓷器胎子呈淡灰色，紧密坚实，釉薄而匀，温润似玉，青绿色，有的略闪黄色。

瓷器的使用在唐代更为普遍，餐具、茶具、酒具、文具、玩具、乐器无所不备，如唐“白釉褐斑瓷羊”，1975 年于江苏省扬州市西门外扫垢山唐城遗址出土，现藏于南京博物院，高 3.2 厘米，跪卧在板座上，双眼圆睁，平视前方，双角直立，嘴角微张，短尾下垂。瓷羊通体涂白釉，釉质光亮透明，额头涂褐彩斑点，神态自然，形象逼真，讨人喜欢，是一件不可多见的玩赏珍品。

唐代烧造的白瓷胎釉白净如雪，标志着白瓷的真正成熟，北方邢窑白瓷风靡一时。

北方邢窑白瓷与南方越窑青瓷分别代表了北方瓷业与南方瓷业的最高成就，因此人们常用“南青北白”来概括唐代制瓷业的特点。

北方瓷窑也兼烧青瓷、黄瓷、黑瓷、花瓷。唐人烧出了高质量的邢窑白瓷与越窑青瓷，为宋代名窑的出现准备了工艺条件。

唐朝灭亡后，五代的瓷器造型沿袭了唐代的风格，如“五代白瓷划牡丹纹枕”，1956 年于江苏省新海连市出土，现藏于中国历史博物馆，高 10.4 厘米，

长 17.8 厘米，宽 12.5 厘米，长方形，六面体，中间下凹，两端微翘。长方形弧面中央划一朵盛开的牡丹花，四周为平行双线边框，四壁略呈梯形，各有一长方形凹框，四周有突棱一道，平底。枕的表面涂白釉，釉色光亮纯净。枕胎洁白细腻，较硬。五代白瓷以光素居多，有少量的刻花装饰，但不流行。此枕精巧秀美，花纹舒朗简洁，代表了五代时期白瓷制作的最高成就。

五代时期，白瓷生产仍以北方地区为主，唐代的瓷窑大多仍在烧造。但是，在全国分裂割据的形势下，制瓷业的进步与发展受到了限制。

（五）宋代瓷器

宋代是我国瓷业发展史上的一个繁荣时期，宋代瓷窑遍布全国各地。宋代瓷业的繁荣是宋代社会、经济、文化繁荣的反映。

瓷器在东汉出现后，很快在长江下游一带传播开来，并逐渐传到长江中游、上游地区和福建、广东一带。约在 6 世纪初叶的北朝时期，中原地区也出现了瓷器。从此，我国的制瓷业便形成了南北两大瓷系。

宋代是我国陶瓷发展史上的第一个黄金时代，宋代著名窑系除了为数众多的民窑外，宫廷还建立了汝窑、钧窑、哥窑等官窑，生产了大量精美的瓷器，如“北宋汝窑青瓷无纹水仙盆”，现藏于台北故宫博物院，高 6.9 厘米，横 23 厘米，纵 16.4 厘米，口径 23 厘米，足径 19.3×12.9 厘米，重 670 克。此盆椭圆形，侈口，深壁，平底，窄边棱，下有四个云头形足。盆壁胎薄，底足略厚。通体满布天青釉，极匀润；底边釉积处略含淡碧色；口缘与棱角釉薄处呈浅粉色。整器釉面纯洁如玉，毫无纹片，温润素雅，给人以雨过天青的美感，传世极少，弥足珍贵。

南方瓷系产品造型比较秀气，胎质颗粒较细，有的略呈红色或黄色；气孔细，孔隙度小，胎中黑点少。

南瓷三氧化二铁的含量一般在 2% 左右，高于北方；二氧化钛和三氧化二铝的含量都较低，而二氧化硅的含量则较北方高。南瓷釉层青绿发翠，有的略带暗黄色。瓷器烧成温度较

低，一般为1200℃左右。

北方瓷系产品造型新颖，粗犷雄伟；胎体比较厚重，颗粒结构粗糙，胎内有黑点和气孔，孔隙度大。

北瓷三氧化二铝含量较高，一般都在26%以上，最高的达32%；二氧化钛含量超过1%，二氧化硅的含量普遍都低于南方。北瓷胎色较南方偏深，釉层较薄，玻璃质感强，颜色灰中泛黄。瓷器烧成温度较高，在1200℃的烧造温度下还是生烧。

宋代瓷窑体系根据各窑产品的工艺、釉色、造型与装饰等特色形成了六个体系：北方地区的定窑系、耀州窑系、钧窑系、磁州窑系；南方地区的龙泉青瓷系、景德镇的青白瓷系。

与宋朝并立的三个少数民族政权即契丹人建立的辽、党项羌人建立的西夏和女真人建立的金，也都有各自的制瓷业。这些地区所生产的瓷器除具有本民族特色外，还明显受到了唐、宋北方诸窑的影响。

契丹人在立国以前，主要以游牧、渔猎为业，制瓷业尚无基础。辽的手工业主要是由战争中俘获的汉人和渤海人发展起来的，制瓷业也不例外，辽的制瓷业成就主要是华北地区汉族烧瓷工人的贡献。辽瓷富有游牧民族的特色，如皮囊壶形如鸡冠，又称鸡冠壶。辽瓷除某些器物造型特殊外，烧瓷工艺大体与华北白瓷系统相同，如“辽白釉猪头形瓷埙”，出土于内蒙古自治区赤峰县，现藏于辽宁省博物馆，高6.2厘米，猪头形，整体呈圆球状，双耳略为突起，喙不突出，唇稍翘起，有鼻有眼，憨态可掬，颇为可爱。此埙胎质稍粗，手制而成，上有三孔，即吹孔和按孔。表面涂白釉，釉色较灰。瓷埙为乐器，也是一种带有玩具性质的口笛。这种瓷埙在辽的一些窑场都有生产，十分流行。

西夏的制瓷业有本民族的特色，如“白釉褐花天鹅纹瓮”，高58厘米，口径17厘米，底径17厘米，侈口，卷唇，鼓腹，肩部有6个系。瓮肩一圈绘7朵卷瓣莲花；瓮的腹部周围绘11只天鹅，向一个方向展翅高飞，上下排列或双或单，姿势优美，构图新颖。寥寥数笔，勾勒出天鹅逼真而生动的神态，浪漫自然，显示出群鹅冲向青天的磅礴气势。天鹅被党项族称为天神之鸟，西夏人崇尚白色，白天鹅象征圣洁。此图寓向往美好幸福之意，胎釉俱佳，图案更美，

堪称西夏瓷器中的极品。

金代瓷器在我国制瓷史上是一个不可缺少的组成部分。金代瓷器大致可分为前后两个时期：海陵王完颜亮迁都燕京以前为前期，迁都以后为后期。金代前期瓷器釉色单调，造型朴拙，缺少装饰，加工粗糙，胎骨厚，颜色杂，釉面不匀，缺乏润泽感。金世宗完颜雍即位后，号称"小尧舜"，金朝经济在他的引领下迅速地发展起来，从而刺激了制瓷业的发展，北方的定窑烧制出好多精美的瓷器，如"金定窑赭釉鱼藻纹瓷匜"，1975 年于吉林省前郭县塔虎城出土，现藏于吉林省博物馆，高 6 厘米，口径 17 厘米，呈直壁圆钵形，胎较薄，一侧口边有平槽短流，矮圈足。此器内外为两种釉色，外赭内白。内底阴刻一尾鲤鱼，刻纹精细，鳍鳞俱全。鱼的上方有水藻，鱼的下方有起伏的水波纹，构成一幅生动的图画。此器造型美观，制作精细，施釉独特，是北方定窑瓷器中极为少见的珍品。

南宋朝廷为了充实财力，以发展海外贸易为国策，瓷器大量运销外国。南宋出口的瓷器主要是江西景德镇窑、吉州窑和浙江龙泉窑以及福建德化窑、同安窑的产品，如"南宋龙泉窑青釉塑贴双鱼纹洗"，现藏于北京故宫博物院，高 6 厘米，口径 23.5 厘米，足 13 厘米，敞口，折沿，圈足。洗心内塑着两条游鱼，外壁刻凸菊瓣纹一周。口沿两侧各有两个穿孔，相互对应，可穿金属提环。釉色青翠，鱼纹清晰，是南宋龙泉窑的典型作品。

北宋灭亡时，窑工纷纷南迁，带去了北方的新工艺，使南方的青瓷工艺和白瓷工艺水平在原有的基础上有所提高，从而形成了元朝瓷业中心南移的新局面。

（六）元代瓷器

元代制瓷工艺在我国陶瓷史上占有极重要的地位。元代的钧窑、磁州窑、霍窑、龙泉窑、德化窑等主要窑场仍在烧造我国传统瓷器品种。

由于外销瓷增加，元朝瓷器生产规模普遍扩大，不但大型器物增多，而且烧造技术也更加成熟了。

在众多窑场中，景德镇窑在制瓷工艺上有了新的突破。

首先，景德镇窑采用了瓷石加高岭土的二元配方，提高了烧制温度，减少了器物的变形，因而能烧出颇具气势的大型瓷器。

其次，景德镇烧出了青花、釉里红等名贵瓷器，使中国绘画技巧与制瓷工艺的结合更趋成熟，具有强烈中国气派与风格的釉下彩瓷器发展到一个新的阶段。

青花是指用钴料在瓷胎上绘画，然后上透明釉，在高温下一次烧成，呈现蓝色花纹的釉下彩瓷器。青花瓷的优点十分突出：一是青花的着色力强，发色鲜艳，窑内气氛对它影响较小，烧成范围较广，呈色稳定；二是青花为釉下彩，即先绘画，后涂釉，纹饰永远不会褪掉；三是青花的原料是含钴的天然矿物，我国云南、浙江、江西都有埋藏，还可以从波斯进口，有充裕的原料可供使用；四是青花瓷的白地蓝花明净素雅，具有中国传统水墨画的效果；五是具有实用美观的特点，深受国内外人士的喜爱。青花瓷器的这些优点是其他各类瓷器无法与之相比的，因而一出现便迅速发展起来，使景德镇出现了空前的繁荣。

青花瓷器成为景德镇瓷器生产的标牌产品，畅销国内外，如“元青花鬼谷子下山图大罐”即青花精品，描绘的是鬼谷子下山的情景：鬼谷子坐在由狮和虎共拉的两轮车上，后面跟着两个骑马的人，其中一个武官打着一面旗，上写“鬼谷”二字。鬼谷子是中国古代著名谋略家，曾教出孙膑、庞涓、苏秦及张仪等高徒。

釉里红是指用铜红料在胎上绘画后，再涂一层透明釉，高温烧成，使釉下呈现红色花纹的瓷器。釉里红和青花同为釉下彩，只是呈色有红、蓝之分。它们同样是用笔在胎上绘画，差别只是一用铜，一用钴。它们都要在高温下烧成，但对气氛要求不同。釉里红对窑中气氛要求严格，铜非得在还原焰气氛中才能呈现红色；而青花对窑中气氛要求稍宽，窑室气氛的变化对钴呈蓝色的影响不大。因此，青花瓷器的烧制比较容易，而釉里红瓷器烧制很难，如“元景德镇窑釉里红雁衔芦纹匜”，1980 年 11 月于高安市出土，现藏于高安市博物馆，高 5.5 厘米，口径 14.3 厘米，底径 8.7 厘米，撇口，底略内凹，长方槽形短流，流下有一卷云形小系，芒口，砂底。此器腹下部饰有艳丽的釉里红宽带纹，内刻

水波纹，底心绘飞雁衔芦纹，巧妙地利用釉里红呈色的变化，十分精美。

元代景德镇窑取得的巨大成就为明、清两朝制瓷业的高度发展奠定了基础，景德镇因此成为全国制瓷中心，荣获“瓷都”之美誉。

（七）明代瓷器

明朝建立后，为了恢复和发展经济，对工商业采取了降低税率等政策，改变了元代对手工业工人采取的工奴制度。这对于当时手工业生产的发展具有很大的促进作用。

明朝初年，社会相对稳定，南北各地出现了一批新的商业中心，城市的繁荣增加了对于工业产品的需求。明朝瓷器不仅畅销亚洲各国，而且还大量销往欧洲。

当时，外商根据本国的生活需要和民族习俗，在造型、纹饰等方面提出要求，订购他们所需要的瓷器。我国许多窑场适应西方市场的需求，生产专供外销的瓷器。明代瓷器不仅从海路输出，而且还从陆路输出。

16 世纪，明代经济中资本主义因素有了进一步的发展，纺织、冶铁、采煤、印刷和瓷器制造业都有一部分进入工场手工业的发展时期。

明朝瓷器生产在这样的社会背景下，很快取得了辉煌的成就。在品种上，明代不仅有青花瓷，还出现了釉上三彩瓷，如“明嘉靖景德镇窑素三彩龙纹绣墩”，现藏于故宫博物院，高 34 厘米，口径 22 厘米，底径 22.5 厘米，鼓形，上下圆面。此墩腹部上下各有凸起鼓钉一周，墩面绘双龙荷花纹。腹部纹饰三层，上下绘回纹各一周，中部绘双龙穿莲花纹。此墩整体纹饰为黄、绿、紫三色，色彩协调，构图生动，是嘉靖素三彩的代表瓷器。

明代的日用瓷器，除宋元时期的大窑场如磁州窑、龙泉窑仍在烧造外，瓷器生产已经遍及河南、山西、甘肃、江西、广东、广西、浙江、福建等省。其中，山西的法华器、德化的白瓷是这一时期的特殊成就。

法华又称珐华，法华器的胎与琉璃器完全一样，釉的配方也和琉璃器大体

相同，只是助熔剂有差异：琉璃以铅作助熔剂，而法华所用的助熔剂是牙硝。山西所制的法华器多为小件的花瓶、香炉、动物之类。景德镇在嘉靖年间也仿制法华器，但它和山西不同：景德镇所烧制的法华器用瓷胎，而山西所烧制的法华器用陶胎，因而烧成温度不一样，如“明景德镇窑法华彩堆贴菊花耳瓶”，现藏于北京故宫博物院，高 43 厘米，口径 10.1 厘米，足径 15.9 厘米，撇口，圆腹，圈足，颈部两侧各堆贴一只菊花形耳，器体浅雕折枝菊花及飞鸟纹，彩釉以蓝为地，交错涂以紫、绿、白、黄等色。此瓶釉色鲜亮，为景德镇仿山西法华之杰作。

德化窑的白瓷在宋代已有生产，但成为全国制瓷业中一种具有代表性的品种，则是在明代开始的。明代德化白瓷有其独特的风格，它不仅与唐宋时期其他地区的白瓷不同，而且与景德镇同时期的白瓷也不一样。德化窑的白瓷瓷胎致密，透光度好，从外观上看色泽光润明亮，乳白如凝脂，在光照之下釉中隐现粉红或乳白，因此有“猪油白”“象牙白”之称。流传到欧洲后，法国人又称它为“鹅绒白”“中国白”，如“明晚期德化窑白瓷雕花耳杯”，小巧玲珑，精美如玉。

明代外销瓷的生产主要在福建，广东也有相当大的规模。但是，就整个制瓷业来说，代表明代水平的是全国制瓷业中心江西景德镇。

明代景德镇所产瓷器数量大，品种多，质量高，销路广。聪明的制瓷工人将釉上彩和当时已经比较成熟的釉下彩结合起来，创造了别具一格的斗彩，以成化斗彩为代表的彩瓷是我国制瓷史上的空前杰作，如“明成化景德镇窑斗彩绿龙纹盘”，现藏于天津市艺术博物馆，高 4.5 厘米，口径 20 厘米，底径 12.3 厘米。盘内壁涂以白釉，光洁晶莹。外壁釉下用青花勾勒出双龙戏珠纹，并在釉上轮廓线内填以绿彩，彩色透明，色调淡雅清新，是成化彩瓷中难得之珍品。

明代景德镇的制瓷业在元代的基础上突飞猛进，不仅满足了国内外市场的需求，还担负着宫廷御用瓷器的制作，全国制瓷业中心的地位岿然不动。

（八）清代瓷器

清代前期和中期处于封建制度没落和资本主义因素发展的时期，由于明末

农民大起义的冲击，土地实行了再分配。清政府为了长期统治，采取了一些措施，诸如兴修水利、蠲免一些赋税、对部分手工业工人废除匠籍的束缚等。在广大农民和手工业工人的艰辛劳动下，清代前期的瓷业生产在明代的基础上又向前迈进了一大步。

康熙在位六十一年，国家越来越富强。他从小努力学习汉族文化，并十分喜爱西洋的科学、技术、医学和艺术。他在位期间，用西洋进口的珐琅彩料绘制的瓷胎画珐琅器，对粉彩瓷器的创造有直接的影响，如“清康熙景德镇窑画珐琅菊花方壶”，高 9.6 厘米，口径 6 厘米，壶内施浅蓝珐琅，器表颈部为浅蓝地，每一菊瓣内各画一朵小菊花。壶腹为黄地，四面以菊瓣式铜圈围成开光，其内部绘有不同颜色的盛开的菊花各一朵。此壶形制端庄稳重，线条流畅，是康熙时期的首创器型，其后出现的与之相同或相近的造型都是以此为雏形演变而成的。

康熙死后，雍正即位，励精图治。他十分爱好瓷器，而且直接干预瓷器的生产，决定瓷器的造型和装饰，对瓷器的发展起到了推动作用，如“清雍正景德镇窑粉彩山水人物斜方笔筒”，现藏于上海博物馆，高 14.2 厘米，边长 10.2 厘米，边宽 7.7 厘米，呈平行四边体形，底微内凹，侧面有垂直细棱纹，前后两面用仿木纹釉作边框，足以乱真，框内微下凹，一面绘墨彩山水图，一面饰粉彩人物图，形象生动逼真。

雍正死后，乾隆即位，国家更加富强。他对各类瓷器的爱好达到了狂热的程度，下令集中全国最好的能工巧匠到宫中，制造出精美的瓷器珍品。乾隆时期的突出成就是转心瓶的烧制，如“清乾隆粉彩镂空转心瓶”，现藏于北京故宫博物院，高 40.2 厘米，口径 19.2 厘米，足径 21 厘米，瓶口外撇，颈短粗，两侧堆塑象耳，垂肩，鼓腹，圈足。此瓶内部套着一只直腹小瓶，与外瓶颈部相接，可以转动。小瓶白釉地上饰粉彩，瓶的颈部与肩部各绘 12 个开光，上下相对。颈部开光中，有楷书“万年”“甲子”及篆书天干名；肩部开光内是用篆体书写的地支名。腹部饰黄地缠枝花纹，并镂出四组四季园景开光景窗，透过景窗可以看到套瓶上的婴戏图，图上的童子或骑

马，或执旗，或持伞盖，或击鼓，或打灯笼。此瓶象耳、口沿及镂空景窗边缘部位均施金彩。瓶的口、颈都能转动，尤其是颈部和肩部的一部万年历，可以使天干与地支转动相配，有实用价值。

由于欧洲对中国瓷器的需求日益增长，18 世纪初叶，英国、法国、荷兰、丹麦和瑞典都先后于广州设立贸易机构，将中国瓷器运到欧洲，大大促进了中国瓷器的外销。欧洲一些城市出现了经销中国瓷器的商号，仅在伦敦就有 52 家。

康熙、雍正、乾隆三朝社会经济繁荣，中国瓷器的生产也达到了高峰，进入了制瓷业的黄金时代。凡是明代已有的工艺和品种，大多有所提高或创新，如康熙青花色彩鲜艳纯净，别具风格；康熙五彩因发明釉上蓝彩和黑彩，比明代瓷器的色彩更丰富，更明亮。

雍正青釉的烧制达到了历史上最成熟的阶段，黄、蓝、绿、矾红等釉色也有很大提高。明代中期一度衰落的铜红釉和釉里红，在康雍时期都已恢复并获得进一步的发展。同时，瓷工们还创制了许多新的彩釉和品种，如粉彩、釉下三彩、墨彩、乌金釉、天蓝釉、珊瑚红、松绿釉以及采用黄金为着色剂的胭脂红等。

乾隆时期发展了很多特种制瓷工艺，仿古、仿其他工艺和仿外国瓷器的制品都极为精致。

清代瓷器的产地比较广，而代表整个时代水平的仍是瓷都景德镇。

青花瓷器仍是景德镇瓷器生产的主流，但民窑比官窑的烧造技术要高，民窑的釉上彩也比官窑丰富多彩。其他瓷器产地如福建德化窑、广东石湾窑也很活跃。

嘉庆前期，基本上仍保留着乾隆朝的遗风。但从整体上看，已远逊于乾隆盛世了。这时，士大夫阶层风行鼻烟，瓷制鼻烟壶除粉彩外，也有不少青花和白釉的。

道光时期，青花和颜色釉制作已趋衰落。粉彩瓷器的数量虽然很多，但品种、造型已大为减少，产品中以莲花型的盘、碗较为突出，少量慎德堂款的粉彩、霁蓝描金和抹红描金瓷器较为精致。此外，陈国治所制的黄釉仿象牙瓷器

也是这一时期的优秀作品。

咸丰朝是在外国资本主义入侵和国内太平天国革命的战争中度过的，官窑瓷器生产的数量和质量更趋低落，但民间日用粉彩瓷器却还有一定的数量。

同治、光绪两朝，整个社会陷于动乱，景德镇瓷窑虽然没有停止生产，但所制瓷器大多是一些宫廷应酬、赏赐之物。民窑所产虽无特殊精致之作，但数量却是巨大的。从 19 世纪末到 20 世纪初，民窑烧制了一些比较好的仿古瓷，如“清光绪景德镇窑反瓷贴捏彩绘水洗”，高 13.8 厘米，口径 23 厘米，底径 18 厘米，口沿如唇，鼓形腹，平底足，足心微微下挖一块，大小似纽扣，口阔底宽，给人以平稳的感觉。此器弧圆形的轮廓增添了动势，避免陷入呆板之态。腹内满施乳浊状哥釉，白中泛灰，肥厚润泽，开有不规则的方圆形纹片，妙趣天成。腹外壁以白色反瓷为地，素胎无釉，粘贴着密密麻麻的如高粱米粒大小的圆珠，与腹内的哥釉开片遥相呼应，极为和谐。腹部中间以铁褐色釉绘饰葡萄藤，缠绕一周，每串葡萄旁都有一只小松鼠垂涎窥视。葡萄成串，老鼠多子，寓意多子多孙，家丁兴旺。此器交叉运用捏塑、堆贴、彩绘、划花、反瓷、哥釉等多种装饰技法，各尽其妙。

由于欧洲瓷器的发展和日本瓷器的竞争，特别是鸦片战争以后，我国制瓷业渐趋衰落。

中华人民共和国成立后，瓷都景德镇终于获得新生，中国制瓷业又出现了百花争艳的局面。

四、中国著名瓷器

（一）东晋越窑青瓷点彩鸡首壶

此器现藏于浙江省博物馆。高20.3厘米，口径9厘米，底径12.2厘米。盘口，细颈，斜肩，球腹，平底内凹。肩部有对称的双系：一端饰鸡首，高冠，喙作圆管形，与器身不通；另一端为弧形鋬。此器口沿饰有五个褐色点彩，打破了青瓷的单色格调。

中国最早出现的瓷器是青瓷，器表涂一层薄薄的青釉。秦汉两代，政治、经济、文化空前繁荣，瓷器生产出现了新的局面。在长期制陶实践中，对原料的选择、坯泥的淘洗、器物的成型和施釉，直至烧窑等技术都有明显的改进和提高，终于烧成了成熟的青瓷。

浙江越窑青瓷历史最为悠久，东汉时期中国最早的瓷器就是在越窑创烧成功的。

浙江越窑烧成了成熟的青瓷，堪称人类文明史上的一个里程碑。在随后一千多年的历史时期，越窑一直居于瓷器生产的领先地位。

越窑在国内外享有盛誉，我国众多瓷窑和韩国、日本的制瓷业都深受越窑的影响。现在，一些日本学者还把浙江慈溪上林湖奉为青瓷的圣地。

东晋时期，北方人口大量南迁，南方出现了空前的城市繁荣。社会上对瓷器的需求量进一步增加，南方青瓷造型趋向简朴，装饰减少，有些器物只装饰简单的褐色斑点。

西晋的制瓷技术十分精巧，既实用又美观，青瓷扩大到人们日常生活的酒器、餐具和卫生用具等各个方面。

东晋中期以后，越窑青瓷多为日常用具，如盆、钵、盘、碗、壶、烛台、灯、砚等，造型趋向简朴，装饰简练，以实用为主。

（二）唐瓜棱纹黑釉瓷执壶

此壶 1984 年出土于陕西省铜川市黄堡镇耀州窑遗址，现藏于陕西省考古研究所。此壶高 25.5 厘米，小口，长颈，短流，壶腹呈瓜棱状，饼足，足底内凹。褐胎黑釉，近足处光素无釉。

耀州窑遗址位于今陕西省铜川一带，始烧于唐代，北宋时期达到鼎盛，曾烧制过贡瓷。耀州窑瓷器的胎质和釉色变化较大，唐时胎骨多呈深灰色，少数为灰、黄或灰黄混杂色，以烧黑釉瓷器为主，有黑釉杯和黑釉执壶等。

这件耀州窑出土的瓜棱纹黑釉瓷执壶是唐代耀州窑的代表之作。青釉含铁量在 1%—3%左右，高了会变成黑瓷，低了就烧成白瓷了。

耀州窑的烧造工艺和装饰技法对全国各地的影响较大，除陕西境内大批窑仿烧外，其技艺还传到河南省、广东省和广西省，形成了以陕西窑为首的一个庞大的窑系。

（三）唐花瓷腰鼓

此器长 58.9 厘米，鼓径 22.2 厘米。此器广口，纤腰，鼓身凸起七道弦纹。通体涂以花釉，在漆黑匀净的釉面上涂上蓝白色斑点，犹如黑缎上的彩饰，十分美观。

腰鼓由西域传入中原后，历经两晋、南北朝、隋唐，不仅被收进唐乐，还被瓷工用瓷土烧制鼓腔，别具特色。河南省鲁山窑在唐代烧制大量花釉瓷器，尤以腰鼓最为有名。

此鼓硕大，造型规整，线条柔和，纹饰奔放，通体漆黑明亮的黑釉与变幻多姿的月白色釉构成了一幅绚丽多彩的水墨画，是唐代瓷器的传世珍品。

白瓷的烧制始于南北朝时期的北齐。隋文帝统一中国后，经济、文化有了较大的发展，成功地完成了白瓷的烧制，使中国瓷器由青瓷发展到白瓷阶段，为以后彩瓷的出现创造了物质基础和技术条件。

唐高祖李渊建立了繁荣昌盛的大帝国，瓷器远销国外。当时，邢窑白瓷与越窑青瓷分别代表了南北两大瓷窑系统。邢窑白瓷坚硬精致，洁白如雪。在它的影响下，河南禹县、郏县、鲁山等地区的瓷窑烧制出一种黑瓷地上带乳白色、中间用蓝色针状斑块装饰的花瓷。这一新兴品种为后来钧窑窑变釉的烧制打下了基础。

（四）宋繁昌窑青白瓷注子

此器高 20 厘米，盖高 6 厘米，底（外径）8.5 厘米，壁厚 3 毫米左右。胎色纯白，无纹饰，淘炼精细。釉色白中闪青黄色，釉面晶莹光润，并有浅绿积釉。外壁有明显旋削痕迹，器盖内壁及器底旋纹更为明显。平底内凹，器物足内无釉。

繁昌窑在今安徽省繁昌县，始烧于宋代。20 世纪 50 年代，考古工作者在繁昌柯家冲发现青白瓷窑址 11 处，70 年代后期又有新的发现。出土的瓷器瓷胎较薄，釉色光润，大多无纹饰。

安徽等地宋墓出土的青白瓷有的来自景德镇，有的来自繁昌窑。景德镇在宋代以前烧制的是青瓷和白瓷，但在北宋以后，景德镇和繁昌一样走上了创新之路，烧制出一种青白瓷，介于青瓷和白瓷之间，对我国后来瓷器的发展起到了关键性的作用。这件瓷器是繁昌窑的代表作。

（五）宋磁州窑白地黑花小口瓶

此器现藏于故宫博物院。高 35 厘米，口径 5 厘米，足径 11 厘米。小口外撇，短颈，丰肩，鼓腹，平底。颈部饰黑彩，瓶身白地饰黑花纹，纹饰洒脱奔放，给人以自由质朴的美感。白釉黑花纹又称白釉釉下黑彩，是宋代中国北方地区磁州窑系一种有代表性的装饰方法，先在坯胎上涂一层洁白的化妆土，再用毛笔蘸黑彩绘上纹饰，然后涂一层薄而透明的玻璃釉。入窑烧成瓷器后，十分美观。

磁州窑是我国古代北方最大的一个著名的民间瓷窑，在河北省邯郸地区磁县的观台镇与彭城镇一带。磁州窑创烧于北宋中期，并达到鼎盛，于南宋、辽、金、元、明、清各朝一直烧制，历史悠久，具有极强的生命力。

磁州窑瓷器风格独特，在中国瓷器发展史中占有重要的地位。它继承了唐代南北民窑的特点，又融入本地特色，在风格上精细与粗犷兼有，豪放与工致并存，更具民间情趣，别开生面，颇具北方特色，与同时期的五大名窑有很多不同之处。

磁州窑以生产白釉黑彩瓷器著称，黑白对比强烈，图案极其醒目。

磁州窑通过刻、划、剔、填彩，创造性地将中国绘画技法以图案形式巧妙地绘制在瓷器上，具有引人入胜的艺术魅力，开创了我国瓷器绘画装饰的新途径，为宋以后景德镇青花及彩绘瓷器的发展奠定了基础。

（六）宋钧窑月白釉出戟尊

此器现藏于上海博物馆。此器高 32.6 厘米，口径 26 厘米，足径 21 厘米。此尊造型仿古代青铜器式样，喇叭形口，扁鼓形腹，圈足外撇。颈、腹、足的四面均塑有条形方棱，俗称“出戟”。通体涂月白色釉，釉内气泡密集，釉面有棕眼。器身边棱处因高温烧成时釉层熔化垂流，致使釉层变薄，映现出胎骨的黄褐色。圈足内壁刻一“三”字。

此尊风格古朴庄重，是宋代宫廷摆件。

传世钧窑器物的底部多刻有“一”到“十”不同的数目字，数字越小，器形越大。

在宋代钧窑瓷器中，以各式花盆和花盆托最为多见，但出戟尊较少，目前全世界所见仅十件左右，如台北故宫博物院藏有“宋钧窑丁香紫釉出戟尊”。

钧窑分为官钧窑、民钧窑两种。官钧窑是宋徽宗年间继汝窑之后建立的第二座官窑，广泛分布于河南禹县，禹县时称钧州，故名钧窑。钧窑以八卦洞窑和钧台窑最为有名，烧制各种皇家用

瓷。钧瓷经两次烧成，第一次素烧，出窑后涂釉再烧。

钧瓷的釉色千变万化，红、蓝、青、白、紫灿若云霞，宋代诗人曾以“夕阳紫翠忽成岚”赞美之，堪称一绝。这是因为钧窑在配料中掺入铜造成的艺术效果，为中国制瓷史上的一大发明，称为“窑变”。因钧瓷釉层厚，在烧制过程中，釉料自然流淌以填补裂纹，出窑后形成有规则的流动线条，类似蚯蚓在泥土中爬行的痕迹，称为“蚯蚓走泥纹”。钧窑瓷器主要供北宋末年“花石纲”之需，以花盆最为出色。

（七）宋定窑白釉刻花直颈瓶

此器高 22 厘米，口径 5.5 厘米，足径 6.4 厘米。平口外折，颈部细长，圆腹，高圈足外撇，腹部刻螭龙穿花纹饰。此瓶造型优美，胎体洁白，螭龙矫健生动，刀工遒劲有力，线条自然清晰，为定窑瓷器中之精品。

定窑是宋代五大名窑之一，在今河北省曲阳县。此地在宋代属定州，故名定窑。定窑创于唐代，以产白瓷著称，兼烧黑釉、酱釉和绿釉瓷器，分别称为“黑定”“紫定”和“绿定”。定窑是继邢窑而起的白瓷窑，器型在唐代以碗为主，宋代则以碗、盘、瓶、碟、盒和枕为多，也生产净瓶和海螺等佛前供器。定窑瓷器胎薄而轻，质坚硬，色洁白，不太透明。定窑由上叠压复烧，口沿多不施釉，称为“芒口”，这是定窑产品的特征之一。

定窑瓷器纹样装饰丰富多彩，深受人们的喜爱。装饰技法以白釉印花、白釉刻花和白釉划花为主，还有白釉剔花和金彩描花。

定窑原为民窑，北宋后期曾一度烧造宫廷用瓷，因此影响较大，其后各地纷纷仿制。

芒口俗称毛边，指盘、碗在入窑烧制前去掉釉的一圈边口所露出的胎骨。这是定窑历史上所形成的一种工艺特征。开始时，定瓷芒口曾引起皇室及社会消费者的非议，但定窑人并未因此而改变历经千辛万苦才获得的工艺成果，而是在芒口上镶金、镶银、镶铜，然后再次投入市场，并重入皇家，终于受到了皇家的珍视，称其为“金装定器”。

芒口生产十分考究，并非随意去掉一圈釉了事，而是内宽外窄，阳宽阴窄。按器皿大小而定，阳面刮去 2—4 毫米，阴面刮去 1—2 毫米。芒口同器物上的刀线产生一样，要求自然顺畅。芒口的处理效果反映工匠的工艺水平。

（八）元青花鬼谷子下山图大罐

此器高 27.5 厘米，直径 33 厘米。唇口稍厚，肩丰圆，短直颈，素底，宽圈足。此器颈部绘饰波浪纹，肩上则为缠枝牡丹纹；腹部以浓艳的钴蓝描绘鬼谷子下山的情景：鬼谷子乘坐在由一虎一豹拉的双轮车上，行至溪涧板桥边，跟随两个步卒，一少年将军骑马配弓，英气勃发，纵马而行，右手持一写有“鬼谷”二字的旌旗。隔着山石可见一位身着宋代朝服头戴朝冠的文官骑马回首顾盼，左手持笏；罐身近底处绘内含吉祥纹的莲瓣纹。罐腹图画里的故事源自《战国策》，表现的是鬼谷子下山去救弟子孙膑的情景。

青花是瓷器釉下彩装饰手法之一，又名“釉下蓝”“釉里青”“白釉蓝花”。主要使用青花作为装饰手法的瓷器称青花瓷，也简称青花。烧制前先在瓷坯上用钴料描绘纹饰，再上无色透明釉，然后用 1200℃以上高温还原焰烧成。青花瓷是中国瓷器的主流品种之一，是中华文化的一朵奇葩。原始青花瓷于唐宋时期已经出现，成熟的青花瓷出自元代景德镇湖田窑，主要有日用器、供器、镇墓器等。

景德镇坐落在黄山、怀玉山余脉与鄱阳湖平原的过渡地带，是中外著名的瓷都。宋真宗景德元年（1004 年）因镇内所烧制的青白瓷质地优良，所以皇帝用自己的年号为名，设置了景德镇，沿用至今。景德镇从汉朝开始烧制陶器，距今已近 2000 年；从东晋开始烧制瓷器，距今已有 1600 多年了。

元青花是汉族文化、波斯文化、蒙古文化的结晶。因为市场需求有增无减，元青花一再扩大生产，明清两代瓷器都是以青花为主。青花瓷有很多优点：漂亮大方，花色稳定，成品率高，工艺精湛，赏心悦目。元青花出现后，很快形成了一统江山的规模，进一步确立了景

德镇的瓷都地位，七百年来岿然不动。

元青花瓷的胎采用瓷石加高岭土的二元配方，使烧成温度提高，变形率减少。元青花瓷器胎体厚重，造型饱满，所用青料分国产料和进口料两种：国产料为高锰低铁型青料，青蓝偏灰黑；进口料为低锰高铁型青料，青翠浓艳，有铁锈斑痕。有的青花瓷器上国产料和进口料并用。青花瓷器构图丰满，层次多而不乱，主题纹饰有植物、动物、人物、诗文等。植物有灵芝、牡丹、莲花、兰花、松、竹、梅、花叶、瓜、果等；动物有龙、凤、麒麟、鸳鸯、鱼等；人物有高士图、历史人物等；诗文比较少。

（九）元青花釉里红镂雕盖罐

1965年出土于河北省保定市元代窖藏，现藏于北京故宫博物院。此器通高41厘米，口径15.5厘米，足径18.5厘米。盖顶有一狮钮，直口，短颈，溜肩，鼓腹，圈足，砂底无釉。胎质细腻，通体绘青花釉里红纹饰。青花色彩浓艳，釉里红略暗。青花、釉里红互为衬托，红、蓝交相辉映，形成一种气度雍容、花团锦簇的艺术效果。

青花釉里红瓷器创烧于元代。青花的呈色剂是氧化钴，呈色稳定；釉里红的呈色剂是氧化铜，极易挥发，因此对窑室的烧成气氛要求十分严格。元代景德镇工匠创造性地将二者珠联璧合地施于同一器物上，是元代瓷器生产技术进步的重要标志。

釉里红即釉下的红色，先用氧化铜在瓷坯上画彩，然后涂透明釉，在1300℃的还原焰中烧成。铜在高温还原焰中发出了红色，因此叫釉里红。釉里红的最大特点是烧制难度大，成品率极低。

（十）元龙泉窑青釉褐彩连座梅瓶

此器现藏于中国深圳博物馆。高16.7厘米，口径3.5厘米。此器小口，短

颈，丰肩，腹至底渐收，浅圈足。瓶座圆唇平折，束颈上有三个小孔，座身有三个花窗式镂空，座底有四个小足。瓶身与瓶座可以活动装卸。整体胎厚细密，涂青釉，釉色青中泛黄，釉面有冰裂纹，口沿与瓶身有若干等距离的褐色彩斑作装饰。这件连座梅瓶造型古朴，镂雕精细，釉色与褐彩浑然一体，相得益彰，为元代龙泉窑的精品。

龙泉位于浙江西南部，与江西、福建两省接壤，以出产青瓷著称。这里烧制青瓷的窑址有五百多处，史称龙泉窑。龙泉窑是中国陶瓷史上烧制年代最长、窑址分布最广、产品质量最高、生产规模和外销范围最大的青瓷名窑。

龙泉青瓷传统上分“哥窑”与“弟窑”。宋人章生一、章生二兄弟二人各建一窑，哥哥建的窑称“哥窑”，弟弟建的窑称“弟窑”。哥窑的主要特征是釉面有大大小小不规则的开裂纹片，俗称开片或文武片，细小如鱼子的叫鱼子纹，开片呈弧形的叫蟹爪纹，开片大小相同的叫百圾碎。小纹片的纹理呈金黄色，大纹片的纹理呈铁黑色，故有“金丝铁线”之说。弟窑胎白釉青，釉色以粉青、梅子青为最，豆青次之，青翠的釉色配以橙红底足或露胎图形，能产生一种赏心悦目的视觉效果，被誉为民窑之巨擘。

哥窑瓷与著名的官、汝、定、钧并称宋代五大名窑，特点是胎薄如纸，釉厚如玉，釉面布满纹片，紫口铁足，胎色灰黑。此类产品以造型、釉色及釉面开片取胜，因开片难以人为控制，裂纹乃天工造就，符合自然朴实、古色古香的审美情趣，因而人见人爱。

（十一）明成化斗彩三秋杯

此器现藏于北京故宫博物院。此器状如小碗，薄如蝉翼，洁白细腻。杯上描绘的是秋天的乡居野景，两只蝴蝶在山石花草中翩翩飞舞。

斗彩瓷器是釉下青花与釉上彩相结合的彩瓷品种，始见于明代宣德年间，在明代成化年间发展成熟。斗彩瓷器先用青花钴料在瓷坯上画出图案纹样的轮廓线，然后涂上透明釉入窑用1200℃—1300℃高温进行第一次烧制，烧成取出后，再在釉

上填入彩料，然后再入窑用 900℃的低温进行第二次烧制。先用釉下青花为轮廓，再在釉上填以彩色，烧成后便有釉下彩与釉上彩斗美争妍之态势，故称斗彩。

（十二）明嘉靖五彩鱼藻纹盖罐

此器现藏于北京故宫博物院。高 33.2 厘米，口径 19.5 厘米，足径 24.1 厘米。此器直口，短颈，丰肩，硕腹，圈足。通体以红、黄、绿及青花装饰。腹部绘莲池鱼藻纹，八尾红色鲤鱼姿态各异，活泼可爱，以莲荷、水草、浮萍为衬。圈足内施白釉，外底署青花楷书“大明嘉靖年制”双行六字款识。

此罐高大规整，胎体厚重，色彩艳丽，构图疏密有致，是明嘉靖官窑青花五彩瓷器中的珍品。

五彩是有别于斗彩的另一种彩绘瓷器，釉上五彩的彩色纹饰均在釉上，在已经烧成的白釉瓷器上施彩绘画，经 700℃—800℃炉火烧制而成，一般以红、黄、绿、紫、蓝五彩描绘。但每件器物根据纹饰设色的要求，不一定五彩皆备，有时只用红、绿、黄三色，也有用五种以上颜色的，只要色彩搭配得当，以精美为准，如“明嘉靖五彩云龙纹方罐”，通体纹饰仅用三种彩，以红、绿彩为主，黄彩作点缀，富有时代特色；又如清康熙五彩瓷器有的一件使用了红、绿、黄、蓝、赭、黑、金等七种色彩。

釉上五彩与斗彩相比有着明显的区别，釉上五彩器没有青花轮廓线及青花纹饰。

（十三）清康熙青花小笔筒

此器高 13.8 厘米，口径 11 厘米，足径 8.8 厘米。撇口，束腰，外撇圈足。底施一道薄白釉，有针眼状缩釉点。青花深浓泛灰。这个笔筒是康熙早期典型式样，笔筒周身绘图：一条苍龙腾空而起，昂首舞爪，张嘴吐舌，龙体扭成弓形，在大海上翻转，有吞吐八荒之势。连天巨浪劈打礁石，更加衬托出龙的凶

悍和粗犷。图的背面有一条大鲤鱼跃出海面，口吐烟云。笔筒造型挺拔，画面宏大，错落有致，恰到好处。图中波涛、火焰云、鱼、龙等无不形象逼真，极富立体感，充满了皇家大气，具有很高的艺术欣赏价值。

青花到了康熙年间，工艺更加精湛，精品迭出。

（十四）清雍正粉彩寿桃纹天球瓶

此器高39厘米。圆口，直颈，圆腹，假圈足。器型坚实敦厚，底色白中微微含青，晶莹滋润。通体装饰粉彩，几枝桃枝向四边伸张，枝上绘有九只寿桃，饱满有力，象征长寿。桃花盛开，蝴蝶飞翔。桃叶施绿彩，正反一浅一深，立体感极强。枝干施黑褐彩，有力地向上方和两边伸去，构成整个画面。用色典雅，虽重色但无突兀感。寿桃是黄色、橘黄、红色逐渐过渡形成的，质感强。绿叶呈开片状，能见蛤蜊光。底足露胎为黑褐色，足底书写青花楷书款“大清雍正年制”。雍正粉彩高雅精致，是清朝粉彩中成就最高的。

粉彩瓷又叫软彩瓷，是以粉彩为主要装饰手法的瓷器品种，是一种釉上彩绘后经低温烧成的彩绘方法。所谓釉上彩，就是在烧好的素器釉面上进行彩绘，再入窑经600℃—900℃烘烤而成。粉彩瓷器是清康熙晚期在五彩瓷的基础上，受珐琅彩瓷器制作工艺的影响而创造出来的一种釉上彩新品种。

粉彩瓷的彩绘方法：先在高温烧成的白瓷上勾画出图案的轮廓，然后用含砷的玻璃白打底，再将颜料施于这层玻璃白之上，用笔轻轻将颜色依深浅浓淡的不同需要洗开，使花瓣和人物衣服有浓淡明暗之感。由于砷的乳浊作用，玻璃白有不透明的感觉，与各种色彩相融合后便产生粉化作用，红彩变成粉红，绿彩变成淡绿，黄彩变成浅黄，其他颜色也都变成不透明的浅色，并可通过控制其加入量的多寡来获得一系列不同深浅浓淡的色调，给人以粉润柔和之感，故称粉彩。在表现技法上，从平填进展到明暗的洗染；在风格上，其布局和笔法都具有传统中国画的特征。

早在康熙后期，景德镇的粉彩瓷就已经问世；雍正时期，粉彩瓷相当精致；乾隆年间，粉彩瓷达到了

很高的艺术水平。

珠山八友留下了很多粉彩画的瓷器珍品，其领袖人物王琦将一般的绘瓷方法应用于绘瓷板人物像，画技极其精深，画风十分新颖，被人称为神技。

20世纪50年代后，粉彩瓷更有长足的发展，许多具有清新、大方、健康特色的新作纷纷问世，琳琅满目，景德镇艺术瓷厂生产的福寿牌粉彩瓷曾荣获国家金奖。

（十五）乾隆珐琅彩御制题诗花石锦鸡图双耳瓶

此器乃清宫旧藏，现存于中国国家博物馆。高16.5厘米，撇口，细颈，垂腹，圈足，造型小巧玲珑，端庄秀丽，颈部有卷草形双耳。此器是传世清代官窑珐琅彩瓷器之极品，为乾隆时期的代表作。由宫中造办处御画匠绘画，乾隆亲自参与设计烧制而成。这是乾隆皇帝特别烧制的赏玩器，上面有他的亲笔题诗“新枝含浅绿，晓萼散轻红”。瓶身腹部绘主题图案《花石锦鸡图》，寓意锦上添花。锦鸡立于树上，以粉红花卉、玲珑洞石相衬；另一面空白处墨彩题诗，与画面相得益彰。引首为朱文“佳丽”印，句尾为白文“翠辅”印，瓶底足内书双方栏“乾隆年制”四字蓝料彩款识。布局匀称，富丽多姿。

珐琅彩瓷器中，花鸟图案的等级最高；花鸟图案中，又以锦鸡和孔雀为极品。因为这两种鸟的羽毛色彩丰富艳丽，不但烧制难度大，而且观赏性也强。同样的珐琅彩瓷瓶在世界上尚未见到，只有台北故宫博物院有一只类似的器物，但图案和形状都稍为逊色。

此瓶是景德镇官窑精选出最洁白最细腻之花瓶，送往宫中后，由御画匠加绘珐琅彩饰。瓷胎精亮，花石锦鸡图色彩绚丽，堪称极品。

珐琅又称“拂郎”“佛郎”“发蓝”，是一种玻化物质，以长石、石英为主要原料，加入纯碱、硼砂为助熔剂，加入氧化钛、氧化锑、氟化物等作乳浊剂，加入氧化铜、氧化钴、氧化铁、氧化锰、氧化锑等作着色剂，经过粉碎、混合、煅烧、熔化后，倾入水中急速冷却，形成珐琅熔块，再经细磨而得到珐琅粉。将珐琅粉调和后，涂在金、银、铜等金属器上，经焙烧后便成为金属胎珐琅。若以玻璃为胎，则称为玻璃胎珐琅。若以瓷器为胎，则称为瓷胎珐琅。

按装饰工艺不同，金属胎珐琅器可分为掐丝珐琅、錾胎珐琅、画珐琅、透明珐琅等，也有将上述二种或二种以上工艺结合起来共同装饰一件器物的，称之为复合珐琅。其中与瓷器有关的珐琅工艺只有一种，即画珐琅，一般称之为“珐琅彩”，其正式名称应为“瓷胎画珐琅”。

（十六）清乾隆朝各色釉彩大瓶

此器高 86.4 厘米，口径 27.4 厘米，足径 33 厘米。此器敞口，束颈，颈下渐广，瓜棱腹，圈足外撇。颈部两侧为贴金彩夔形耳。全瓶从上到下共分 16 段釉彩。各种彩釉间以金彩圈线隔开。此瓶从上到下依次运用了色地珐琅彩、松石地粉彩、仿哥釉、金釉（耳饰）、青花、松石釉、窑变釉、斗彩、冬青釉、祭蓝描金、开光绘粉彩、仿官釉、绿釉、珊瑚红釉、仿汝釉、紫金釉等 15 种施釉方法，集高温、低温色釉和釉下彩、釉上彩于一体，烧造工艺繁复至极，无法复制。口部饰金彩、紫地粉彩、绿地粉彩各一周。颈部饰仿哥釉、青花、松石绿釉各一周。肩部饰窑变釉、斗彩。腹上部饰粉青。腹部饰 12 个霁蓝地描金开光，里面彩绘吉祥图，其中六幅为花卉、蝙蝠、蟠螭、如意、万字带等组成的寓意“福寿万代”的图案，另六幅为“三阳开泰”“丹凤朝阳”“太平有象”“吉庆有余”以及楼阁山水、博古图等。腹下及足部依次饰哥釉、青花、绿地粉彩、红地描金、仿官釉、霁蓝釉描金等。底部豆绿地篆书“大清乾隆年制”六字款。瓶身纹饰繁复多样，有缠枝花卉、缠枝莲纹、团花、回纹、蕉叶纹、勾菊纹等。

此瓶集历代多种工艺和技术于一器，众多的釉彩配方及烧成温度都不相同，需按釉下、釉上及高温、低温的不同要求，多次反复入窑烧制，工艺极其复杂。如此多样的釉彩、纹饰安排得错落有致，浓淡相间，主从协调，井然有序，实属不易。

此瓶造型雄浑，纹饰繁缛，色彩绚丽，巧夺天工，堪称研究中国古代瓷器的活化石。

此瓶的烧制为集大成之作，标志着中国古代制瓷工艺达到了前所未有的高峰，因而有“中华瓷王”的美誉，也有称其为“瓷母”的。

五、瓷器的吉祥图案

我们的祖先在漫长的岁月中创造了许多寓意吉祥的图案，表现出对美好生活的向往之情。这些吉祥图案符合劳动人民的欣赏习惯，反映了人们健康、善良的愿望和美好的思想感情，在社会上广为流传，为人们所喜闻乐见。因此，这些吉祥图案被广泛地应用于中国古代瓷器上。

这些图案中，最常见的如“二龙戏珠”和“龙凤呈祥”。

有的吉祥图案产生于原始社会的图腾崇拜，图腾是最初的吉祥物。中华民族是龙的子孙，因此龙是我国最早的吉祥物。

在史前的新石器时代，龙的形象已经出现。不仅起装饰作用，更主要的作用是用龙祈求吉祥和护身，犹如现代人佩戴的护身符。中国人自古就有佩玉的习惯，有的是出自爱好，有的是出自美好的祝愿，反映了人们趋吉避凶的传统心态，表达了人们追求幸福的愿望。

图案二龙戏珠，二龙共争一珠，栩栩如生。龙是神圣、高贵、吉祥、权威的象征，前进向上，无所畏惧。人们常用龙寓以太平盛世，天地人间同享安乐之意。

龙是四灵之长，居青龙、白虎、朱雀、玄武之首；龙珠被认为是一种宝珠，可避水火。二龙戏珠表示吉祥安泰，人们多用以辟邪免灾，祈求太平吉祥。

凤是凤凰的简称，在远古图腾时代被视为神鸟而加以崇拜。它是原始社会人们想象中的保护神，由鸟的形象逐渐完美演化而来。

凤凰头似锦鸡，身如鸳鸯，有鹦鹉的嘴、大鹏的翅膀、仙鹤的腿、孔雀的尾。凤凰是人们心目中的瑞鸟，居百鸟之首，象征美好与和平。

凤凰与龙、麒麟、龟并称四瑞兽，古人认为只有到了太平盛世才有凤凰飞来。凤凰也是中国皇权的象征，常和龙结合使用，用于象征皇后。龙凤图案称

“龙凤呈祥”，最具中国特色，民间美术中也有大量的类似造型和图案。凤凰被认为是百鸟中最尊贵者，为鸟中之王，因此有百鸟朝凤之说。传说龙是鳞虫之长，哪里有龙出现，哪里就有凤凰来仪，那里就会天下太平，五谷丰登。

龙是中国最有代表性的吉祥神兽，凤是中国最有代表性的吉祥神鸟，“龙凤呈祥”图案寓意吉祥，象征祥瑞和喜庆。

明代在工艺品制作时，总要装饰各种各样的图，图必有意，意必吉祥，这对瓷器纹饰产生了巨大的影响。

在我们祖先的心目中，世上有很多美好的事物，它们或给人们带来益处，或为人们树立了榜样。人们对它们或有感激之情，或怀崇敬之意，或存敬畏之心，或生憧憬之念……它们或在地上走，如虎和牛；或在天上飞，如鹰和天鹅；或为动物，或为植物，或为书籍。人们在瓷器的图案里再现它们，表现了对生活的热爱。

虎是百兽之王，人们喜欢它，让它走进了瓷器的图案里。

古人多用虎比喻武将，因此武将也被称为虎将。

虎的寿命可达 20 年，体长近一丈。虎的攻击武器是粗壮的牙齿和可以伸缩的利爪。虎捕食时凶猛、迅速、果断，以消耗最小的能量来获取尽可能大的收获。虎极聪明，在捕食猛兽时，若没有足够的把握是绝对不干的。虎每次食肉量为 40 斤左右，体形大的每顿可进食 70 斤。老虎机敏得很，由于脚上生有很厚的肉垫，老虎在行动时声响很小。在雪地上行走时，虎的后脚能准确地踩在前脚的足迹上。虎跳跃能力强，一跃便是一丈多。虎的崇拜源自楚文化中的图腾崇拜。虎一直受到汉民族的崇拜，公认虎是正义、勇猛、威严的象征。汉代人把虎视为百兽之王，认为白虎 500 年才能变成，是神物，仙人往往乘虎升天。虎是镇宅之兽，一直是劳动人民喜爱的保护神，是人民心目中的英雄。崇虎意识已成为中华民族共同的文化观念。我国古代对虎十分崇拜，特别是在军事上，调兵遣将的兵符就是一只金虎，称为虎符。

瓷器图案上常有小狮与大狮相戏，此类题材古人称为“太师少师”，寓意父子接连担任高官，父亲担任太师，儿子担任少师。“太师少师”祝

人学业有成，寓意吉祥，祝愿美好。

狮子是地球上力量强大的动物之一，外形漂亮，身姿威武，力量无穷，速度如电，赢得了万兽之王的美誉。狮子象征和善、威猛、勇敢和慷慨。

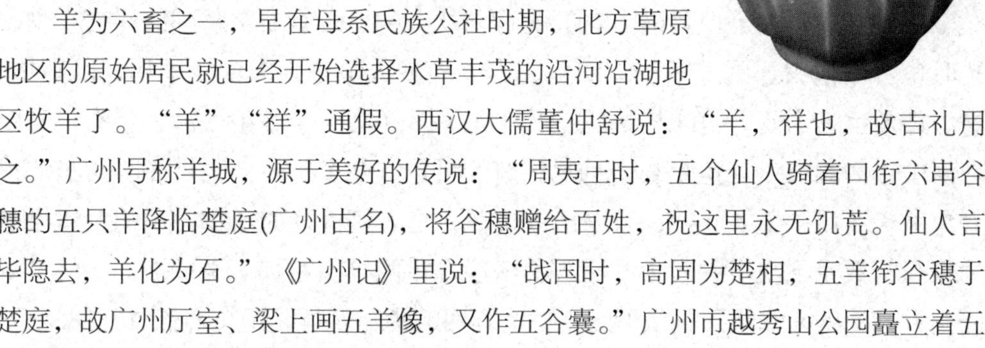

瓷器的图案上常出现三只羊。羊与阳谐音，三羊代表三阳，含“三阳开泰”之意。据《周易》所言，正月为泰卦，三阳生于下，因此三阳象征安泰。祝人幸福安泰，寓意吉祥。

羊为六畜之一，早在母系氏族公社时期，北方草原地区的原始居民就已经开始选择水草丰茂的沿河沿湖地区牧羊了。“羊”“祥”通假。西汉大儒董仲舒说：“羊，祥也，故吉礼用之。”广州号称羊城，源于美好的传说：“周夷王时，五个仙人骑着口衔六串谷穗的五只羊降临楚庭(广州古名)，将谷穗赠给百姓，祝这里永无饥荒。仙人言毕隐去，羊化为石。”《广州记》里说：“战国时，高固为楚相，五羊衔谷穗于楚庭，故广州厅室、梁上画五羊像，又作五谷囊。”广州市越秀山公园矗立着五羊石雕，成为闻名海内外的城标雕塑。

总之，羊自古以来，一直是代表吉祥的。

牛是中国的12生肖之一，是勤奋的象征，也是财富与力量的象征。古代普遍用牛拉耕犁，因其力气大，在农耕、交通甚至军事领域里都广泛地使用牛。战国时期，齐国大将田单曾使用火牛阵；三国时期，蜀汉宰相诸葛亮曾用牛运军粮。匈奴、蒙古等游牧民族除了牧马之外，还要牧牛，蒙古草原因而盛产蒙古牛。到了现代，股票价格持续上升称为牛市，下跌称为熊市，就是因为牛是象征财富与增值的。牛是人们喜爱的家畜，有的农民甚至将其视为家庭成员，不许食其肉，不许用其皮，让它自然老死，还要举行隆重的葬礼。

南朝梁任昉《述异记》卷下载：“东南有桃都山，上有大树……上有天鸡，日初出，照此木，天鸡则鸣，天下鸡皆随之鸣。”

雄鸡也是吉祥之物，《神异经》上提到了雄鸡的几大优点：头上戴着大红的鸡冠，非常文雅；双脚长有锋利的爪子，十分英武；面对敌人毫不畏惧，敢斗敢拼，格外勇敢；看见食物时总是咯咯地叫着招呼同伴一起享用，特别仁义；忠于职守，早起报时从不误事，极其守信。

鹿与禄同音，象征吉祥长寿和升官之意。传说鹿千年为苍鹿，两千年为玄鹿，因此鹿是长寿仙兽。传说鹿是天上瑶光星散开时生成的瑞兽，出没于仙山之间，常与神仙、仙鹤在一起，保护仙草灵芝，向人类布福，为人类增寿，给万民送来安康，让百业繁荣昌盛。

天鹅羽色洁白，体态优美，叫声动人，行为忠诚。在东方文化和西方文化中，不约而同地把天鹅作为纯洁、忠诚、高贵的象征。它们被认为是天的使者，是神鸟，能给人类带来福音。

羊、牛、鸡、鹿、天鹅等图案都成了瓷器的常见题材。

龟俗称乌龟，是现存最古老的爬行动物。身上长有非常坚固的甲壳，受袭击时龟可以把头、尾及四肢缩回龟壳内。大多数龟均为肉食性动物，以蠕虫、螺、虾及鱼等为食，也吃植物的茎叶。龟通常在陆上及水中生活，也有长时间在海中生活的海龟。龟是长寿动物，有的可达 300 多年，甚至更多。常见的大型龟体长 3 尺，重 400 斤，可以载人爬行，是人们喜爱的动物。龟的耐饥饿能力极强，数月不吃不喝也不致饿死。一般乌龟两年左右换一次甲壳。龟的长寿受到人们的喜爱和崇拜，龟形图案成为瓷器的常见题材，是长寿的象征。

瓷器图案中的老鹰是世界上寿命最长的鸟类，能活 70 年。当老鹰活到 40 岁时，它的爪子开始老化，无法抓住猎物；它的喙变得又长又弯，几乎碰到胸膛，严重地阻碍进食；它的翅膀变得十分沉重，羽毛长得又浓又厚，飞翔十分吃力。这时，老鹰只有两种选择：一是等死；二是经过一个十分痛苦的更新过程，争取新生。于是，老鹰努力飞到陡峭的悬崖上，在任何鸟兽都上不去的地方进行 150 天左右的除旧更新。首先，它将弯如镰刀的喙向岩石摔去，直到老化的嘴巴连皮带肉掉下来，然后静静地等候新的喙长出来。接着，它用新喙当钳子把脚趾甲一个一个拔下来。等新的趾甲长出来后，再把旧的羽毛都薅下来。5 个月后，新羽长出来了。这时，老鹰开始重新飞翔，还能继续活 30 年。老鹰冒着疼死、饿死的危险重塑自己，与旧我诀别，因此才得以起死回生。老鹰有飞行之王的称号，它飞行的时间之长、速度之快、动作之敏捷，无鸟可及，堪称鸟中之王。人类歌颂老鹰，崇拜老鹰，不分人种，不分

民族，概莫能外。

瓷器上常见喜鹊登梅图案，梅与眉同音，寓意“喜上眉梢”。“喜上梅梢”是瓷器中经常选用的题材，寓意吉祥，受到广大群众的喜爱。

“喜报三元”图案中画有报喜的喜鹊和三颗桂圆。桂圆的圆和元同音，报喜的喜鹊和三颗桂圆寓意“喜报三元”。古时乡试头名为解元，会试头名为会元，殿试头名为状元。祝人连中三元，寓意吉祥。

在图案“马上封侯”中，猴子趴在马的臀部，猴与侯同音，寓意马上封侯，祝人驰骋疆场，立功封侯，是对人的吉祥祝福。

高山深谷中草木繁茂，蝙蝠口衔系有绶带的万字在空中翩翩飞舞，白鹤轻轻依偎寿星，仙童手持蟠桃与众仙漫游。蝙蝠寓福，白鹤寓寿，系有绶带的万字寓万代，合起来寓“福寿万代”之意。这样的图案既歌颂了祖国的大好河山，也绘出了老有所依，少有所养的人间仙境。

两条鲶鱼围成阴阳鱼状，首尾相接。鲶与年同音，鱼与余同音，寓意年年有余，表示对年年都有结余的富裕生活的憧憬。这种图案祝福丰年，寓意吉祥。

图案由蝙蝠、古钱构成，因为蝙蝠中的蝠与福同音，钱与前同音，所以寓意“福在眼前”。这是广大人民喜爱的题材，反映人民追求幸福生活的美好愿望。

团寿字及蝙蝠象征幸福长寿，蝙蝠与“遍福”“遍富”音近，有洪福和大富之意。此图案祝人长寿、幸福和富裕，寓意吉祥。

图案“福从天降”，一只蝙蝠从天而降，一名男童举手迎接它。蝠与福同音，寓意福从天降。这是清代常用的吉祥图案，大多出自乾隆朝至同治朝。

佛手是菩萨之手，能赐福众生。一说“佛”与“福”谐音，佛手寓意福到手中。因此，人们都用佛手象征多福。佛手祝人多福，寓意吉祥。

百事如意图案由百合花、柿子和灵芝构成，灵芝代表如意。柿与事同音，加上百合花和如意，寓意百事如意。

相传唐代浙江天台寒岩寺有一名高僧，法号寒山，喜吟诗，好饮酒，与天台山国清寺高僧拾得为好友，相处极为融洽。清雍正十一年（1733 年），雍正

皇帝敕封寒山为和圣，拾得为合圣，人称和合二圣。二圣蓬头笑面，一持荷花，一捧圆盒。二圣深受百姓喜爱，民间多称其为和合二仙。和合二仙手持的法器，寓意百年好合和连生贵子。其中法盒的盒与百年好合的合同音；荷花即莲花，莲花的莲与连生贵子的连同音。

三多图案中石榴代表多子，蟠桃代表多寿，佛手代表多福，用于祝人多子、多寿、多福，寓意吉祥。

荷即莲花，莲鱼相伴，莲与连同音，鱼与余同音，象征连年有余，是吉祥图案之一。

“连生贵子”图案中有莲花和童子，莲与连同音，再加上童子，用以象征“连生贵子”，寓意吉祥。

我们的祖先十分注重品德修养，认为人生天地间，一定要顶天立地，像松树一样遇寒不凋，像竹子一样有气节，像梅花一样高洁，像莲花一样出淤泥而不染……于是，人们常在瓷器上绘松树、竹子、梅花、莲花等，用以歌颂美好品德和高尚情操。

荷花清纯脱尘，唐代大诗人李白有诗赞道：“清水出芙蓉，天然去雕饰。”芙蓉即荷花，又称莲花。宋代大学者周敦颐在《爱莲说》中写道：“予独爱莲之出淤泥而不染，濯清涟而不妖，中通外直，不蔓不枝，香远益清，亭亭净植，可远观而不可亵玩焉!”他称赞说：“莲，花之君子者也。”莲花寓意文人出淤泥而不染，不向恶势力低头。

竹子是君子的化身，人们认为竹有七德：一、身形挺直，宁折不弯，是为正直；二、虽有竹节，却不止步，是为上进；三、外直中空，虚怀若谷，是为谦卑；四、有花不开，素面朝天，是为质朴；五、超然独立，顶天立地，是为卓尔；六、虽然卓尔，却喜丛生，是为合群；七、载文传世，弘扬文化，是为奉献。

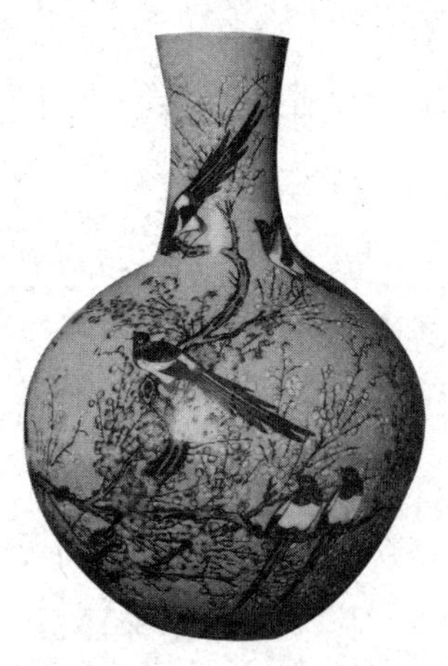

古人有“宁可食无肉，不可居无竹”之语，竹有节，象征读书人清高而有气节，宁折不屈。竹节还寓意锲而不舍，步步进取，学业有成。

松也是君子的化身，它遇寒不凋，象征永不变节。清朝陆惠心《咏松》五首道出了松的美德：一、瘦石

寒梅共结邻，亭亭不改四时春。须知傲雪凌霜质，不是繁华队里身。二、迎寒冒暑立山冈，四季葱茏傲碧苍。漫道无华争俏丽，长青更胜一时芳。三、风吹雨打永无凋，雪压霜欺不折腰。拔地苍龙诚大器，路人敢笑未凌霄？四、身寄南山不老翁，冰霜历尽志尤雄。欣偕瑞鹤凌空舞，乐伴祥云赏日红。五、遮云蔽日斗天公，伴月陪星入太空。拔俗超凡君子志，疾风骤雨显英雄。

梅象征君子高洁、孤傲的美好情操，诗人常赞美梅饱经风霜折磨仍孤高自傲，是源于高尚的精神。陆游对梅的赞美深入人心：“无意苦争春，一任群芳妒。零落成泥碾作尘，只有香如故。”

清代瓷器吉祥图案有仙人、佛像、动物、植物，有的还点缀福、禄、寿、喜等文字。

清代瓷器中吉祥类图案的大量涌现，体现了人们希望借助于瓷器来祝福他人、保佑自身和追求幸福生活的美好心态。

三星是天上的三个老神仙，传说是福星、禄星和寿星，或称福、禄、寿三星，其中福星管祸福，禄星管官运，寿星管生死。这种题材称“三星高照”，象征幸福、富有和长寿。一说福象征五福临门，禄象征高官厚禄，寿象征长命百岁。中国民间常用福、禄、寿三星的形象寓意吉祥。

八宝纹又称八宝吉祥，有法螺、法轮、宝伞、白盖、莲花、宝瓶、金鱼、盘长等，是佛事的法器，又称八吉祥，象征佛光普照，降福人间。

六、瓷器的保养

中国瓷器是人类文化宝库中的璀璨明珠，但大部分瓷器容易损坏。为了更好地保护瓷器，这里介绍一下具体做法。

瓷器储存时要放在定做的盒子里，盒子里要有海绵或泡沫垫。

不可把两件瓷器放在一起，如果非得放在一起，一定要用海绵或泡沫隔开。

陈列瓷器时，要放在固定的木架上，如实木做的博古架，不要用玻璃做的陈列架。

因为瓷器很脆，容易碎，所以要防震、防挤、防压、防碰撞，在展示贵重瓷器时可用透明的尼龙线固定其上部。

小件瓷器必须放入锦盒内收藏，要一盒一器，以防相互摩擦碰撞。

裸放的大件瓷器要放稳，周围不能有易倒的坚硬物体。

原始瓷器胎质差，釉质不匀，某些瓷器釉质发生了结晶作用或沉积作用，釉变成乳白色，会以一种不透明薄膜的形式掩盖色彩与饰纹。清洗这样的瓷器时，可用1%的氢氟酸作局部涂抹，每次涂几分钟，涂后用蒸馏水洗掉酸痕，再用细砂纸细磨，恢复其透明性，露出釉下纹饰。釉面的硬结石灰物质可用5%盐酸或硝酸清除。

清洗瓷器时，要把瓷器放在不易碰撞的地方，最好用塑料盆，不要用瓷盆和金属盆，避免碰坏瓷器。

清洗瓷器时不要把带彩绘的瓷器直接浸在化学性质的水溶液中，一般的污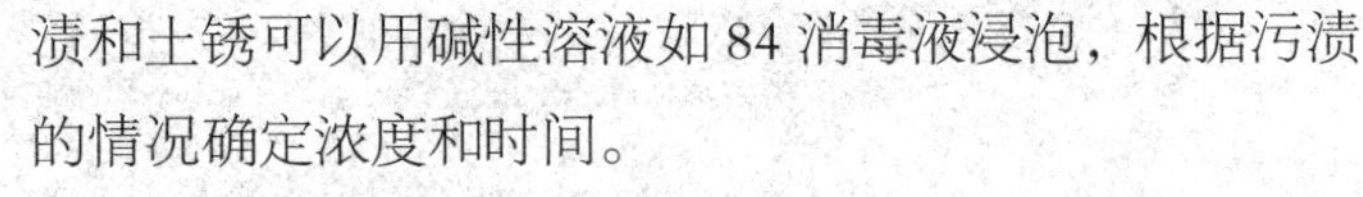渍和土锈可以用碱性溶液如84消毒液浸泡，根据污渍的情况确定浓度和时间。

酸碱性质不同的污渍要用不同的液体浸泡，如碱性污渍可用白醋和草酸浸泡，中性污渍用二甲苯浸泡。浸泡后要用温水冲洗，直到除尽污渍。

清洗瓷器时，如有开片、冲口、裂纹时，污渍嵌入很深，可用棉纸蘸淡硝酸或84消毒液贴在裂纹处，即可除掉污渍。

娇嫩的釉彩上不宜使用此法，以免硝酸损伤釉彩。有的瓷器因水浸太久，水锈黏附，不能除掉，可用上述酸性液体浸泡，数日后即可刷掉了。

粉彩瓷器有的因彩色中铅的成分多，泛铅现象严重，可用药棉蘸淡硝酸擦拭，再用净水冲刷。洗刷时，瓷器表面沾到碱性物质后会更滑，一定要谨慎拿放。

瓷器上如有灰尘或污渍时，宜用柔软的布轻轻地擦拭，不可用硬布或他物强力去污，以免划破釉面。

平时保养瓷器时，可用湿布擦拭瓷器，用柔软的画笔清扫瓷器上的灰尘，用柔软的刷子刷瓷器表面的缝隙。低温釉瓷器不可轻易地拿布或刷子擦拭，以免加重釉层的剥落。

瓷器不可浸泡在70℃以上的热水中，这样才不致对外表造成影响。

瓷器不可置于微波炉、烤箱及洗碗机中，如用于饮用，用后要立即清洗。

某些溶液对瓷器是有害的，如碱对釉有腐蚀作用，强酸可以改变瓷器表面光泽，使彩绘变色。因此，瓷器必须远离污染，一旦瓷器染上污垢，要用清水洗涤，不要用较强的化学试剂清洗，以免伤及釉面。

清洗时使用洗涤剂即可，金银等的图案容易剥落，要用海绵和软布轻柔地清洗。

瓷器图案上如果含有银，用漂白剂会变质的。

拿瓷器时不要戴手套，以免瓷器从手中滑落。

如果多人鉴赏瓷器，要一个一个地鉴赏。一个人鉴赏完毕，先把瓷器放到桌子上，下一个人再来鉴赏。不要两人手递手地传着瓷器鉴赏，以免失手摔坏瓷器。

搬运体积大的瓶、罐时，不能只用一只手提瓷器的颈部，而应一手把住颈部，一手托住它的底部。

在搬运有双耳的瓶、罐、尊等瓷器时，不能仅提双耳。

移动大盘、大碗时应用双手捧持，或用一手的拇指和食指握住边缘，用另一只手掌托住底部。

搬运人物瓷雕时，要一手拿住头部，一手托住身子。托运时要当心人物的须发和手指等容易损坏的部分。

薄胎瓷器移动时要双手捧，不可只用单手。

底足小、长度高的瓷器容易倒，要格外小心，要保护好。

带座、带盖的瓶器在搬运时不能连盖带座一起端，要先将座、盖和主体分开，要单拿单放，防止脱落打碎。

瓷器如果不慎损坏了，切勿自己动手修复，要到专业部门请专家修复。

但是，一些小毛病可以自己尝试修复，如炸底、窑裂、冲口等。

炸底是因外力击打引起器底出现了裂纹，呈放射线状，并透过胎体。如果稍有外力，裂纹会加重，以致器物完全损坏。对于这种现象，可用棉花条蘸水固定两端，覆于炸底上，然后用浓硫酸滴到棉条上，再用塑料封底，隔日开封，反复几次后再用环氧树脂黏合剂封闭。

窑裂是烧造过程中出现的裂缝，有的在瓷器腹部，有的在瓷器底部，较人为损伤程度要轻。如不处理，在潮湿条件下会因胎体膨胀和收缩不均而加重裂缝，影响瓷器寿命。修补方法同上，因裂缝在器表，不要涂太多的胶。

冲口指穿透瓷器器壁的细纹，裂纹会自动延长，会继续开裂。修补方法同上，因裂缝在器表，也不要涂太多的胶。